O CORAÇÃO PENSANTE

DAVID GROSSMAN

O coração pensante

Sobre Israel e Palestina

Tradução do inglês
Berilo Vargas

Tradução do hebraico
Jessica Cohen

Artigos selecionados por
Eva Cossee
Christoph Buchwald

Entrevista e tradução para o português
Daniel Douek

COMPANHIA DAS LETRAS

Grafia atualizada segundo o Acordo Ortográfico da Língua Portuguesa de 1990, que entrou em vigor no Brasil em 2009.

Título original The Thinking Heart

Capa e lettering Jon Gray

Preparação Debora Fleck

Revisão Huendel Viana, Natália Mori e Luís Eduardo Gonçalves

Dados Internacionais de Catalogação na Publicação (CIP)
(Câmara Brasileira do Livro, SP, Brasil)

Grossman, David
O coração pensante : Sobre Israel e Palestina / David Grossman ; tradução do inglês Berilo Vargas ; tradução do hebraico Jessica Cohen ; artigos selecionados por Eva Cossee, Christoph Buchwald ; entrevista e tradução para o português Daniel Douek. — 1ª ed. — São Paulo : Companhia das Letras, 2025.

Título original : The Thinking Heart.
ISBN 978-85-359-4157-9

1. Conflito Árabe-israelense – Aspectos políticos 2. Conflito Árabe-israelense – História I. Cossee, Eva. II. Douek, Daniel. III. Título.

25-278786.1 CDD-956.94

Índice para catálogo sistemático:
1. Conflito árabe-israelense : História 956.94

Cibele Maria Dias – Bibliotecária – CRB-8/9427

EDITORA SCHWARCZ S.A.
Rua Bandeira Paulista, 702, cj. 32
04532-002 — São Paulo — SP
Telefone: (11) 3707-3500
www.companhiadasletras.com.br
www.blogdacompanhia.com.br
facebook.com/companhiadasletras
instagram.com/companhiadasletras
x.com/cialetras

Sumário

De ambos os lados

Entrevista com David Grossman em 15 de julho de 2025

Por Daniel Douek

DANIEL DOUEK: Shalom, *David, prazer em conhecê-lo. É uma honra falar com o senhor. Seus textos e sua voz são muito poderosos. Obrigado pela sua escrita e pela sua disponibilidade para esta conversa.*

DAVID GROSSMAN: Obrigado, Daniel.

DANIEL DOUEK: *Gostaria de começar dizendo que o objetivo desta entrevista é abordar algumas questões não contempladas nos artigos do livro* O coração pensante: Sobre Israel e Palestina. *Desde meados de 2024, quando o senhor escreveu o último texto, muita coisa permaneceu igual — Benjamin Netanyahu ainda é o primeiro-ministro de Israel; não há cessar-fogo entre Israel e o Hamas; os reféns israelenses permanecem em Gaza. No entanto, muita coisa mudou: houve o ataque contra o Hezbollah no Líbano; a queda do governo Assad na Síria; Donald Trump foi eleito presidente dos Estados Unidos; Israel e os Estados Unidos atacaram o Irã; o Irã atacou Israel; e assim por diante. Há algo que o senhor queira dizer antes de começar?*

DAVID GROSSMAN: Sim. Quando você listou os eventos que ocorreram desde a última vez que falei, fiquei realmente desesperado ao perceber o quão extrema é a nossa vida e como estamos condenados a viver em uma realidade insuportável. O que você listou poderia ser suficiente para muitos outros países por um século. Para nós, é o pão de cada dia. E acho que há um preço para uma nação com tanta tensão. Juntar esses acontecimentos é como levar um soco na cara, sabe? Ver o quão terrível é termos que nos adaptar a condições impossíveis, e isso nos transforma e nos deteriora.

DANIEL DOUEK: *Nos textos escritos logo após 7 de outubro, o senhor enfatiza o sentimento de vulnerabilidade. Hoje, o Hamas está enfraquecido em Gaza. O Hezbollah está enfraquecido no Líbano. Assad caiu na Síria. As instalações nucleares do Irã foram atingidas. Israel parece ter repelido grandes riscos militares regionais. Por outro lado, o país se tornou alvo de intenso escrutínio, mesmo no Ocidente, devido à forma como tem agido contra os palestinos. Então, qual é o sentimento atual? Ainda há um sentimento de vulnerabilidade ou isso mudou? Israel está mais seguro ou mais vulnerável do que há dois anos?*

DAVID GROSSMAN: Em termos concretos, da força do Exército, da capacidade de lutar e de surpreender nossos inimigos, acredito que estejamos mais fortes sobretudo porque nossos principais inimigos quase desapareceram. Eles não conseguiram fazer o que prometeram, não foram capazes de se unir para nos derrotar. E acredito que não nos surpreenderão num futuro próximo, porque ainda somos extremamente traumatizados em sermos surpreendidos. No entanto, também nos enfraquecemos, porque percebemos que talvez tenhamos que viver toda a nossa vida com um medo profundo, sem nunca ter um momento de relaxamento ou não estando em alerta. Os eventos de 7 de outubro foram traumáticos, ainda mais para uma nação como a nossa, a nação judaica, que sofreu um terrível trauma existencial. E isso faz com que declaremos algo como um "trauma" rápido demais e ajamos em pânico, o que gera agressividade com outros povos ao nosso redor. Provavelmente as duas coisas são verdadeiras: somos mais fortes e mais fracos, e uma coisa alimenta a outra. A sensação de que somos mais fortes às vezes nos torna fortes demais, numa espécie de arrogância nacional, e a sensação de que somos mais fracos... nem é preciso dizer, estamos condenados a reagir, a retaliar com muita força. Portanto, como em muitos outros exemplos e situações, especialmente no Oriente Médio e seus extremos, precisamos ser capazes de conter ambas.

Eu desejo que, em algum momento no futuro, possamos viver uma vida que não seja nem histericamente forte nem histericamente fraca. Apenas a vida normal de um país normal, com minorias normais e maioria normal, com a capacidade de olhar para as minorias e entender que parte da responsabilidade da maioria é ter uma minoria sem medo. Uma que se sinta bem-vinda e aceita, sem precisar estar em alerta o tempo todo.

O que estou tentando aqui é fazer você sentir aquilo que experimentamos em nosso DNA. Não temos essa solidez de existência que outros países têm. O Brasil nunca pensa que deixará de existir — Deus nos livre — no futuro. O Egito não acredita que será exterminado. Nós, os judeus, vivemos o tempo todo à beira desse abismo. E ele nos causa todo tipo de efeito.

DANIEL DOUEK: *Guerras tendem a destruir não apenas cidades, famílias e povos, mas também ideias. Que ideia foi destruída, se é que alguma foi, pelo ataque de 7 de outubro e pela guerra em Gaza? A ideia de que a paz entre israelenses e palestinos é possível, ou a ideia de que é possível prolongar a ocupação e administrar o conflito? Em outras palavras, o Sete de Outubro e a guerra em Gaza contribuíram para desafiar mais as ideias da esquerda israelense ou as da direita israelense?*

DAVID GROSSMAN: Bem, creio que Israel se tornou e se tornará mais direitista, mais extremista, mais desconfiado em relação aos seus vizinhos. E, ao mesmo tempo, haverá alguns desenvolvimentos positivos na compreensão de que a paz é um componente muito importante da nossa segurança. Segurança pela segurança em si não basta. É sempre possível acumular mais e mais poder, mais e mais armas, munições, estratégias, e ainda assim não terá a sensação de segurança, de confiança, de solidez de existência que mencionei anteriormente.

Como isso vai nos influenciar? É a pergunta que me faço quase todas as manhãs quando ligo o rádio, ouço as notícias e descubro que mais um soldado foi morto e que nossos reféns, nossos pobres reféns, ainda estão presos no terrível inferno do Hamas.

O que vemos agora é que Israel ficou cada vez mais preso na situação. Somos como um elefante que não consegue se mover com flexibilidade, inteligência e astúcia, e somos alvo dos guerrilheiros e dos terroristas do Hamas. Portanto, nosso poder não nos ajuda de verdade. Nosso poder não nos dá o que de fato precisamos, que é uma solução política.

Como é possível que sejamos tão fortes e estejamos tão paralisados? O que podemos fazer para sair dessa situação? Porque, ao que parece agora, o Hamas está ganhando poder. Ele usa as condições que foram criadas e nos prejudica de uma forma muito destrutiva. Até agora, não vi uma solução razoável, nem na declaração de guerra pós-Sete de Outubro, nem agora. Somos muito fortes e não sabemos o que fazer. E há uma tensão crescente entre a camada política, o governo e os militares. Israel infiltra cada vez mais brigadas, exército, força aérea e tanques em Gaza, mas ninguém diz o que eles devem fazer, qual o propósito de estarem lá. Já conquistamos o norte de Gaza duas, três, quatro vezes. Então nos retiramos. E surgem novos terroristas e novos guerrilheiros. E nos encontramos em uma situação em que estamos totalmente presos aos nossos medos, à nossa incapacidade de nos mover.

Portanto, os propósitos dessa guerra, que eram, no início, muito justos e corretos, nos impedem de fazer o que deve ser feito para alcançar a paz para Israel e para Gaza.

DANIEL DOUEK: *A linguagem desempenha um papel significativo no conflito entre israelenses e palestinos. Os próprios termos do debate são contestados: "guerra" ou "massacre"; "refém" ou "prisioneiro"; "terrorista" ou "combatente pela liberdade". Até mesmo o nome da terra entre o rio Jordão e o mar Mediterrâneo pode ser "Israel" ou "Palestina", dependendo do lado de quem está falando. Considerando que as palavras são a matéria-prima do seu trabalho, como escolher a palavra mais apropriada para falar da realidade? As palavras ainda são importantes para descrever a realidade ou agora são mais úteis para descrever a posição política e ideológica de quem está falando?*

DAVID GROSSMAN: Em toda situação de guerra, uma das primeiras coisas que é confiscada pelas partes é a língua. Cada lado tem seu dicionário e o diálogo é quase impossível. É difícil encontrar uma maneira de sair dessa situação porque cada um se apega ao seu dicionário, que se torna a sua identidade. O único conselho que posso dar aos países em tal situação é insistir nas nuances, a não se deixar enganar pelos interessados, pelos militares, pelo governo, pelos nossos medos. Tentar manter a clareza sobre a situação e não colaborar com palavras que aparentemente deveriam descrever a realidade, mas na verdade servem como um anteparo entre nós e a realidade. E, de novo, há uma grande tentação de usar palavras e clichês que nos dão a sensação de lar, de nossa identidade: ele disse essa palavra, "ele pertence a nós"; ele disse aquela outra, "ele é o inimigo". A cura das distorções da língua só começará depois que a própria distorção tiver fim. É um círculo vicioso. Antes disso, estamos todos presos em nossos clichês e nas generalizações que usamos.

DANIEL DOUEK: *Gostaria de ouvir sua opinião sobre algumas expressões frequentemente usadas no debate sobre Gaza: "limpeza étnica", "massacre", "genocídio". O governo brasileiro acaba de anunciar que se juntará ao processo movido pela África do Sul que acusa Israel de cometer genocídio. O que o senhor pensa sobre isso e qual a melhor palavra para descrever o que está acontecendo em Gaza?*

DAVID GROSSMAN: Essas palavras, sejam elas quais forem, terão que conter em sua inclinação, em sua sutileza, o que causou a destruição de Gaza. E essas são as palavras do massacre que nós, israelenses, sofremos. Começou assim. Não esqueça. Quer dizer, há uma tendência, principalmente no Ocidente, de começar a história a partir de 8 de outubro. Não, começou em 7 de outubro. Estávamos todos dormindo. Fomos atacados por milhares de cidadãos de Gaza que vieram para matar, assassinar, estuprar, às vezes na frente do cônjuge ou dos pais da vítima. E eu gostaria que esse dicionário também incluísse o sentimento de vingança que prevaleceu por alguns dias em Israel, porque não podemos negá-lo. É humano. Não se pode esperar que pessoas que foram mortas e massacradas de forma tão imprevisível se comportem de forma mais culta. Temos que permitir palavras tão primitivas, fortes e assassinas para podermos passar para a segunda fase do conflito. E esta é a fase mais sutil, mais complicada, mais sensível do uso da linguagem.

E, bem, mesmo que eu entenda esse sentimento de vingança, isso é algo que qualquer pessoa comum pode sentir, não um primeiro-ministro, nem o governo. Eles precisam ser capazes de passar rapidamente da fase de vingança para a próxima, que é tentar criar uma situação para que essa catástrofe nunca mais aconteça. Criar uma situação do tipo: "Sim, nós, os israelenses, fomos massacrados, mas não vamos massacrar vocês como vingança, porque entendemos que isso só vai gerar mais e mais ódio e guerras".

Nesse momento, devemos "conter", como dizem — não gosto desta palavra, mas não há outra — a dor do que passamos, e devemos usar essa dor como combustível para iniciar uma nova fase da vida entre israelenses e palestinos. Não podemos nos matar para sempre. Não podemos criar nossos filhos com base no ódio, na desesperança, na vingança. Temos que ser mais corajosos do que apenas revidar ou nos render ao código de honra. Somente se ambos os lados compreenderem as limitações de poder que todos nós sentimos, como israelenses e como palestinos. Não podemos viver nossas vidas apenas para ficar nos matando, em um ciclo vicioso de violência.*

DANIEL DOUEK: *Logo depois de 7 de outubro, o senhor se perguntou "quem seremos quando ressurgirmos das cinzas?". Depois de quase dois anos, com a guerra ainda em curso, os israelenses e o povo judeu ressurgiram das cinzas? É possível responder quem são os israelenses e o povo judeu agora?*

DAVID GROSSMAN: Não, não acho que tenhamos ressurgido das cinzas. As cinzas ainda

* Poucos dias após esta entrevista, o escritor declarou ao jornal italiano *la Repubblica* que decidiu começar a usar a palavra "genocídio" para descrever a situação em Gaza: "Durante anos, recusei-me a usar a palavra 'genocídio'. Mas agora não posso evitar usá-la, depois do que li nos jornais, das imagens que vi e de conversar com pessoas que estiveram lá. [...] Com imensa dor e o coração partido, devo dizer que isso está acontecendo diante dos meus olhos".

estão aí e estamos profundamente imersos nelas.

Não é possível esperar uma recuperação de tamanho trauma, do massacre contra nós, sem pagar um preço altíssimo por sua visão de mundo. Acho que somos pessoas mais desesperadas, mais extremistas politicamente e mais racistas por causa dos nossos medos e traumas. É quase inevitável. A questão não é se nos rendemos a tudo isso, mas com que rapidez podemos nos salvar dessa situação e dessa mentalidade. Somos um povo mais triste. Acho que essa é a principal reação que recebo quando encontro amigos e pergunto: "Oi, como você está?". E eles respondem: "Você sabe, como todo mundo", e o nariz está afundando no chão. A sensação é de que talvez por décadas e décadas não sejamos capazes de nos recuperar de verdade pelo que passamos.

E há esse círculo vicioso de hostilidade e medo. Você vê como as pessoas se rendem ao desespero e começam a pensar na dicotomia mais clichê: "será nós ou serão eles", "nós não podemos viver juntos". Eu acho que não só podemos, como devemos viver juntos. É muito doloroso porque não confiamos uns nos outros, tanto israelenses como palestinos, e ainda assim não há outra saída. Não vejo nenhuma solução melhor.

Esses dois povos, que foram distorcidos e esmagados por muros, ódio e animosidade, pela Shoah e pela Guerra de Sete de Outubro, estão condenados agora a viver uma vida com pouca esperança em relação ao futuro. Podemos chegar a acordos políticos, podemos alcançar uma situação em que teremos alguns tratados econômicos, agrícolas e culturais, mas será apenas superficial. Levará muito tempo até que sejamos capazes de criar crianças que não tenham medo, que não sejam temerosas, que tenham restaurado sua dignidade como seres humanos e comecem a tratar o outro como um ser humano. Não creio que irei testemunhar isso na minha vida. Acho que vou testemunhar a forma mais rápida e superficial de paz — sabe, a realização de Jogos Olímpicos com Israel e países árabes, a criação de uma universidade para estudos do conflito em algum lugar em Nablus, Ramala ou Haifa, acampamentos de verão reunindo filhos de ambos os povos. Mas isso não é o principal. O principal que precisamos é mais profundo do que isso, mais complicado, mais doloroso. Desejo que meus filhos e netas possam testemunhar esse outro tipo de vida. Caso contrário, estaremos em apuros.

DANIEL DOUEK: *Quais são as forças em Israel e na Palestina que trazem esperança para um futuro diferente? Que grupos têm a capacidade de mudar o rumo da situação?*

DAVID GROSSMAN: Você pode vê-los nas manifestações da rua Kaplan e em frente à Casa do Presidente, em Jerusalém. Eles não estão unidos o suficiente e não estão usando seu poder de forma inteligente, mas eles existem e não são tão pequenos.

O choque criado em 7 de outubro pode dar lugar a soluções imprevisíveis, talvez já nas próximas eleições; que não sabemos quando serão. Há rumores de que Netanyahu tentará antecipar as eleições porque sente que, se acontecerem agora, ele vencerá novamente. E ouço muitas pessoas dizerem que, se Netanyahu voltar a vencer, elas deixarão Israel. Posso entender esse desespero e a sensação de que Netanyahu é tão imbatível que pode nos empurrar para as situações mais extremas sem pagar nenhum preço político por isso. É inacreditável ver o que está acontecendo agora no Knesset (Parlamento) de Israel, como a direita está tentando com tanta veemência unificar as três autoridades no legislativo para evitar qualquer diversidade de opções políticas. Como eles lutam para criar um grande partido que governará todas as diferentes esferas da nossa vida. Isso é muito perigoso, porque nos aproxima da perda de nossas qualidades democráticas.

Mas quero lembrar que nossa relação com a democracia é muito complicada. Não podemos realmente nos chamar de democracia, nem mesmo antes do Sete de Outubro, porque uma nação que ocupa e esmaga outra nação há 55 anos, como temos feito com os palestinos, não pode se considerar uma democracia de verdade. E, se me permite sugerir, o massacre de 7 de Outubro talvez tenha sido possível também porque nós, israelenses, sentíamos tanto menosprezo pelos palestinos que não acreditávamos de verdade que eles fossem capazes de fazer o que fizeram conosco. Acostumamo-nos a vê-los como impotentes, quase infantis, enquanto éramos considerados os mais fortes, os mais importantes, os mais perspicazes. O Sete de Outubro, e o que veio depois, explodiu na nossa cara e nos mostrou que estávamos errados. E, a propósito, os palestinos também estavam errados. Eles subestimaram a capacidade dos israelenses de se unir diante do perigo. Este é um dos sintomas do trauma: sabemos como revidar. Mas, repito, não quero viver numa sociedade cuja principal destreza seja saber como lutar melhor. Tenho outros planos para mim, para a minha família, para os meus amigos e para o povo de Israel. Desejo que todos nós estejamos numa situação em que não tenhamos que usar o nosso enorme poderio para um fim militar, mas de formas mais frutíferas, mais criativas, mais imaginativas, mais amigáveis e mais corajosas. Ele está aí, basta que ousemos colhê-lo da árvore.

DANIEL DOUEK: *Como o senhor avalia a atuação de grupos que reúnem israelenses e palestinos para lutar pela paz, como o Standing Together?**

DAVID GROSSMAN: Sou muito a favor. Só desejo que eles se unam e usem sua força na direção certa. Mas qualquer grupo que ainda encontre em si a capacidade de ter espe-

* Standing Together é uma organização popular composta de comunidades de árabes israelenses e judeus israelenses contra a ocupação na Palestina e a favor de direitos plenos para palestinos em Israel, além de uma defesa de direitos LGBTQIA+ e femininos. (N. E.)

rança está nos dizendo que a esperança ainda não se esvaiu e que, em algum lugar dentro de nós, existem os poderes que nos fazem lembrar que temos que lutar pela paz — e como temos que lutar pela paz.

DANIEL DOUEK: *Em Israel, o senhor costuma confrontar a direita sionista. Nos últimos meses, porém, ameaças da esquerda antissionista fora de Israel, às vezes da esquerda antissemita, aumentaram. Como você lida com isso? Você sente o aumento do antissemitismo?*

DAVID GROSSMAN: Não sinto isso pessoalmente, porque quase não saí de Israel nos últimos anos, mas sei que o antissemitismo está brotando em todos os lugares agora. E acho que é sempre um péssimo sinal, não apenas para nós, judeus, mas também para o país — ou para a religião ou para a crença — que cede ao antissemitismo, porque o ódio ancestral aos judeus é um dos primeiros sintomas de uma doença da sociedade. É uma espécie de teste: "Qual é a extensão do seu antissemitismo? Vocês o combatem? Vocês ensinam de forma diferente? Vocês publicam livros didáticos que o denunciam?". O antissemitismo está sempre presente e esta é outra frente que nós, o povo judeu, temos que combater. Precisamos batalhar para recuperar nossa imagem como ser humano e não sermos obtusos diante do nosso sofrimento e do nosso tormento. Podemos ser muito empáticos com os palestinos sem ser antissemitas. Há muito o que criticar Israel, mas o antissionismo e o antissemitismo são materiais perigosos.

DANIEL DOUEK: *Donald Trump foi eleito presidente. Como o senhor vê o papel dos Estados Unidos, e sobretudo de Donald Trump, nos acontecimentos envolvendo o Oriente Médio?*

DAVID GROSSMAN: Bem, digo-lhe francamente, não sei o que pensar sobre Donald Trump, porque ele é indefinível, surpreendente e imprevisível. E nós, israelenses e palestinos, estamos tão desesperados com o nosso futuro que alguém como ele vir e prometer é um fenômeno revigorante. Ele pode fazer isso? Ele pode criar a paz entre Israel e os palestinos, entre a Ucrânia e a Rússia? Não sei. É difícil de acreditar. Essas pessoas estão presas em situações tão extremas, em situações tão contraditórias, que é difícil que alguém venha e, diante de um nó górdio, corte a corda e tudo se resolva. E ele criará essa "cidade humanitária". Isso me soa como um eufemismo para quase um campo de concentração. Se eu fosse palestino, não creio que correria para esse lugar, porque sei que me sentiria preso ali. E esta talvez seja a má intenção tanto do sr. Trump como do sr. Netanyahu.

Espero que ninguém tenha que explorar essa "cidade humanitária".

DANIEL DOUEK: *Essa guerra colocou frente a frente os principais opositores dos Acordos de Oslo* nas sociedades israelense e palestina. Benjamin Netanyahu e o Hamas, que foram "parceiros" na sabotagem de Oslo, agora se enfrentam em uma luta inevitável, uma vez*

* Os acordos de Oslo foram assinados entre o governo de Israel e a OLP (Organização pela Libertação da Palestina), representada na época por Yasser Arafat, entre 1993 e 1995, e traçavam um caminho para a paz entre os dois povos, o que incluía a retirada dos exércitos israelenses de Gaza e da Cisjordânia. Foram fundamentais nas tratativas o primeiro-ministro Yitzhak Rabin, assassinado por extremistas israelenses em 1995, e o presidente dos Estados Unidos, Bill Clinton, que mediou os acordos. Rabin, Arafat e o ministro israelense de Relações Exteriores Shimon Peres receberam o prêmio Nobel da paz pelos acordos. (N. E.)

que suas agendas são mutuamente exclusivas. O senhor ainda acredita na solução de dois Estados, como os Acordos de Oslo previam, ou existe alguma outra solução que pode fazer com que israelenses e palestinos vivam juntos, como o senhor coloca?

DAVID GROSSMAN: Dê-me uma solução viável para o conflito que não seja a solução de dois Estados. Acredito que o povo israelense e o povo palestino são incapazes de funcionar juntos como um país viável e normal. Isso pode acontecer no futuro, quem sabe, embora a experiência que temos do mundo não seja muito promissora. Vamos esperar que haja uma solução de dois povos em um Estado. Você realmente acha que pode ser eficiente? Será possível? Esses dois povos, que se odeiam tão ferozmente, serão capazes de servir em um Estado de forma positiva? Nós não sabemos nem como ser bons primos um para o outro. Defendo a solução de dois Estados porque acredito que essa é a única solução possível neste momento. Mesmo depois de 7 de outubro, ainda é a única solução possível. Ela será alcançada quando os dois povos forem mais corajosos, mais inteligentes e mais desenvolvidos do que são hoje. E o que pode dar esperança é a própria esperança. Se houver algum sinal que dê alguma esperança aos cidadãos desse drama do Oriente Médio, isso criará as sementes das oportunidades para o futuro. Acontecerá em um dia? Não, não acontecerá nem em uma década. Ou talvez nem um século, quem sabe. Mas precisamos dessas esperanças, dessa ousadia de acreditar que existe outro caminho, que não estamos condenados a matar e a ser mortos, a viver pela espada e a morrer pela espada. Se formos capazes de pegar essas frágeis sementes e alimentá-las com inteligência, poderemos nos encontrar em uma situação um pouco melhor.

DANIEL DOUEK: *Muitíssimo obrigado, David. Fico feliz em ouvir o seu ponto de vista.*

DAVID GROSSMAN: Obrigado eu. Não acho que eu diga coisas novas, mas tento, primeiro, insistir nas nuances. E, segundo, fazer as pessoas pensarem como escritoras, o que significa que há alguns pontos de vista envolvidos. Não estamos condenados a ter apenas um ponto de vista e a ficar presos a ele. Se quisermos estar realmente em contato com a realidade e não apenas com as nossas alucinações, temos que nos abrir para o ponto de vista dos outros, para a tragédia dos outros. É difícil, não é fácil. É muito mais fácil dicotomizar o mundo inteiro em dois: "Nós somos os bons, eles são os maus". Mas, se você fizer isso, não estará em contato com a verdadeira realidade. Você estará falando mais uma vez com seus desejos, com seus medos, se autossabotando. Isso não é produtivo. E eu sou uma pessoa muito produtiva. Quando me encontro com as pessoas, tento fazê-las ver, por um minuto que seja, o ponto de vista de ambos os lados.

DANIEL DOUEK é graduado em ciências sociais pela Universidade de São Paulo, onde também concluiu o mestrado em estudos judaicos e árabes, e atualmente cursa o doutorado em estudos literários e culturais. É membro do Conselho Consultivo da Casa do Povo, pesquisador do Centro de Estudos Judaicos da USP, assessor do Instituto Brasil-Israel e integrante da equipe de curadoria do Festival Literário do Museu Judaico de São Paulo. É autor de textos publicados nos principais jornais e revistas do país sobre temas como sociedade israelense, conflitos no Oriente Médio e antissemitismo.

Prefácio

Sempre que um presidente dos Estados Unidos afirma que seu país apoia o "direito de Israel existir", fico meio indignado: a declaração é bem-intencionada, mas dá para imaginar algum presidente fazendo uma declaração parecida sobre o direito de a França existir? De a Itália, a Holanda, o Egito ou a Índia existirem? De todos os países do mundo, só Israel vive nessa situação absurda. Setenta e seis anos de soberania, e a existência de Israel ainda precisa ser "legitimada" pelo resto do mundo. O cenário parece ainda mais inconcebível quando pensamos que a mesma nação que quase foi aniquilada no Holocausto está de novo à beira do precipício, segundo sua própria percepção e a de muitas outras nações.

Slogans como "Morte a Israel" e "Palestina do rio ao mar", que hoje aparecem no mundo inteiro em protestos em massa, nas universidades e em editoriais, indicam que o que está para além do precipício não é só uma crítica, às vezes justificada, a Israel por parte de seus detratores, mas uma recusa a "conceder-lhe" o que é concedido a todos os países: uma existência completa, definitiva e estável.

Na consciência coletiva de muitos povos, religiões e Estados, a estranha e tênue existência judaico-israelense é sempre posta em xeque. Os artigos desta coletânea investigam se, e até que ponto, essa dúvida existencial também impregnou a mente dos próprios judeus israelenses, e como eles podem ter sido afetados pelo massacre de 7 de outubro. Uma coisa está clara: "A vida na linha de frente", como disse o poeta israelense Nathan Alterman, tornou-se ainda mais concreta, mais frágil e precária.

A expressão que vejo no rosto dos meus compatriotas israelenses, os suspiros carregados que deixam escapar quando alguém lhes faz a mais simples das perguntas, "Tudo bem?" — suspiros que pareciam contidos à custa de muito esforço, até que essa pergunta aparentemente banal os perfurasse —, são sintomas da situação em que nos encontramos: não há mais nada que seja banal. Tudo reverbera profundamente, e a proximidade da morte que todos nós vivenciamos nos deixou mais vulneráveis. Nossa tristeza não é mais uma tristeza qualquer; é o rumor de uma terrível compreensão: de que não há, e talvez nunca haverá, alívio ou solução para a ansiedade e o desespero que acompanham nossa vida aqui. Será mesmo o caso de nos desesperarmos? Deveríamos parar de buscar uma solução? Temos esse privilégio? Seria melhor dar um basta à necessidade de esgotar até as possibilidades mais remotas?

Outra verdade essencial que nós, israelenses, finalmente compreendemos depois de tantos meses de guerra é que precisamos de aliados comprometidos e fortes aqui no Oriente Médio, porque descobrimos — diferentemente de tudo em que acreditávamos, de todas as ilusões arrogantes com que nos alimentaram durante décadas — que provavelmente não teremos condições de ganhar, sozinhos, a próxima guerra.

Resignado ao inevitável, escrevo estas palavras: "a próxima guerra".

Mesmo que seja capaz — com o apoio de

alguns países poderosos — de desferir um golpe severo contra seus inimigos, Israel também sofrerá golpes severos, talvez fatais, por parte de uma coalizão implacável formada por Hezbollah, Hamas, os houthis no Iêmen e talvez o Isis. Nem mesmo as Forças de Defesa de Israel serão capazes de resistir a um ataque simultâneo de vários Estados — incluindo o Irã — em múltiplas frentes.

Essas conjecturas nos levam a uma série de conclusões: Israel precisa atingir a estabilidade com seus vizinhos e ser aceito por eles o mais rápido possível. Em outras palavras, Israel precisa se esforçar de imediato para manter relações pacíficas com os vizinhos que estiverem dispostos a tanto. Sim, isso inclui o Irã, ainda que as perspectivas sejam mínimas. A paz é a principal prioridade para Israel, assim como para muitos países árabes. A paz precisa ser o elemento básico da política de segurança israelense, pois é uma condição tão essencial para a sobrevivência do Estado quanto o seu poderio militar. Qualquer acordo que fortaleça os laços de Israel na região — os "Acordos de Abraão", por exemplo — precisa abordar a nação palestina, sua tragédia e suas feridas: a ferida de serem refugiados, a ferida da ocupação.

As palavras que escrevo aqui são repetidas nas páginas deste livro mais de uma vez, e vou continuar repetindo-as. Estão no âmago do conflito. Sem elas, teríamos apenas uma "paz dos ricos", que acabará estourando no rosto daqueles que ignoram a realidade. Em outras palavras, quando Israel dá um passo em direção à paz, não o faz "pelos palestinos", mas para melhorar a sua própria condição e aumentar as suas chances de desfrutar de uma existência plena e segura neste Oriente Médio tão instável e violento.

Mas há outras questões perturbadoras que surgem a partir da história desses protagonistas — principalmente Israel e os palestinos — e de suas relações. Será que existe alguma chance de paz verdadeira entre nações que vêm se tornando cada vez mais religiosas, fanáticas e nacionalistas? Elas estão dispostas a renunciar genuinamente à natureza totalitária da sua fé, ou se limitarão a suspendê-la por alguns anos, enquanto acumulam poderio militar suficiente para lançar um ataque-surpresa contra o vizinho?

São questões complexas que precisam ser examinadas de forma honesta e exaustiva. Hoje, depois do Sete de Outubro, só consigo responder a elas por meio de uma negativa: se a situação entre Israel e seus vizinhos não mudar radicalmente, e se nos atolarmos em guerras tão mortíferas quanto a atual de tantos em tantos anos, Israel e a Palestina vão se tornar nações cuja identidade será definida pela guerra e pelo ódio, pelo nacionalismo e pelo racismo. A democracia, então, não será mais do que uma esperança ingênua. É nesses Estados que queremos viver e criar nossos filhos?

Os artigos reunidos aqui registram os pensamentos e as emoções de alguém que passou a vida inteira em alguma guerra ou entre guerras. Alguém que jamais conheceu um único dia de paz plena e estável em seu país, e talvez por isso mesmo tenha passado tantas décadas lutando pela paz.

No momento em que escrevo estas palavras, dezenas de milhares de civis em Israel e no Líbano estão dentro de abrigos antibomba, enquanto Israel e o Hezbollah travam uma guerra nos céus acima de nós. Ao mesmo tempo, Gaza está em ruínas, e as mortes e os deslocamentos forçados continuam.

Em meio a essa barulheira toda, tanto militar como emocional, tentei dar voz aos sentimentos e à mentalidade que esta guerra sem fim nos impôs. É o meu esforço para manter a liberdade de pensamento tão apreciada por todo artista, todo escritor, mesmo vivendo a angústia do conflito nacional, ou enfrentando momentos em que meu próprio coração se despedaça. Há coisas que hoje eu talvez escrevesse de outro jeito, mas não mudei uma palavra sequer. E gostaria de acreditar que fiz a escolha certa em quase todas as vezes que precisei refletir e tomar decisões.

Não é fácil definir exatamente o que é "a escolha certa". Às vezes não passa de uma sensação física: quase sempre confio nela.

Prólogo

Quem seremos nós quando ressurgirmos das cinzas?

10 de outubro de 2023

Cerca de mil mortos, mais de 3 mil feridos, dezenas de pessoas tomadas como reféns. Cada sobrevivente representa uma história milagrosa de inventividade e coragem. Inúmeros milagres, inúmeros atos de heroísmo e de sacrifício da parte de soldados e de civis.

Olho para o rosto das pessoas e vejo choque. Torpor. O coração de cada um está sobrecarregado por um fardo constante. Repetimos sem parar uns para os outros: é um pesadelo. Um pesadelo incomparável. Indescritível. As palavras não dão conta.

Vejo também um profundo sentimento de traição. Cidadãos que se sentem traídos por seu governo — pelo primeiro-ministro e sua coalizão destrutiva. Uma traição a tudo que consideramos precioso, como cidadãos, e em especial como cidadãos deste Estado. Uma traição à ideia que une a todos desde sua formação. Ao bem mais precioso de todos — o lar nacional do povo judeu —, que foi entregue aos líderes para que o protegessem, e que eles deveriam ter tratado com reverência. Mas, em vez disso, o que vimos? O que foi que nos habituamos a ver, como se fosse inevitável? O que vimos foi o total abandono do Estado em favor de interesses mesquinhos, gananciosos, e de políticas cínicas, tacanhas e delirantes.

O que acontece agora é o preço concreto que Israel está pagando por ter sido seduzido, durante anos, por líderes corruptos que levaram o país ladeira abaixo, de mal a pior; que desgastaram suas instituições legais e judiciais, suas Forças Armadas e seu sistema educacional; que estavam dispostos a pôr o país em situação de risco existencial só para manter o primeiro-ministro fora da prisão.

Pensemos um pouco como foi que colaboramos com isso durante anos. Pensemos em toda a energia, em todo o espaço mental e em todo o dinheiro que jogamos fora enquanto víamos Netanyahu e sua família encenarem seus dramas ao estilo Ceaușescu. Pensemos nas grotescas ilusões que eles produziram diante dos nossos olhares incrédulos.

Nos últimos nove meses, milhões de israelenses saíram às ruas toda semana para protestar contra o governo e o homem à frente dele. Foi um movimento de imenso significado, uma tentativa de trazer Israel de volta aos trilhos, de volta ao conceito nobre que está na origem da sua existência: criar um lar para o povo judeu. E não um lar qualquer. Milhões de israelenses queriam construir um Estado liberal, democrático, que valorizasse a paz e respeitasse as crenças religiosas de todos. Mas em vez de ouvir o que o movimento de protesto tinha a propor, Netanyahu preferiu desacreditá-lo, pintá-lo como desleal, preferiu incitar as pessoas a se voltarem contra ele e aprofundar o ódio entre seus componentes. Além disso, não perdia uma oportunidade de declarar o quanto Israel é poderoso, o quanto é determinado e, acima de tudo, como está preparado para enfrentar qualquer ameaça.

Agora vá dizer isso aos pais enlouquecidos de dor e tristeza, ao bebê jogado à beira da estrada. Vá dizer isso aos reféns. Vá dizer isso ao povo que votou em você. E como explicar as oitenta brechas na mais avançada cerca de fronteira do mundo?

Mas não se engane, nem se confunda: apesar de toda a fúria contra Netanyahu, sua gente e suas políticas, o horror destes últimos dias não foi causado por Israel. Foi provocado pelo Hamas. A ocupação é um crime, mas disparar contra centenas de civis — filhos e pais, velhos e doentes, a sangue-frio — é um crime ainda pior. Mesmo na hierarquia do mal, há uma gradação. Há uma escala de gravidade que o senso comum e os instintos naturais conseguem identificar. E quando vemos os cenários de carnificina do festival de música, quando vemos os terroristas do Hamas caçando, de moto, os jovens que estavam ali, alguns ainda dançando, sem perceber o que se passava...

Não sei se os membros do Hamas devem

ser chamados de "animais", mas não há dúvida de que perderam sua humanidade.

Atravessamos essas noites e esses dias como sonâmbulos, resistindo à tentação de ver as cenas horríveis e ouvir as histórias que circulam. Sentindo o medo tomar conta daqueles que, pela primeira vez em cinquenta anos — desde a Guerra do Yom Kippur —, vivenciam a perspectiva aterrorizante da derrota.

Quem seremos nós quando ressurgirmos das cinzas e voltarmos à nossa vida? Quando sentirmos visceralmente a dor das palavras do autor Haim Gouri, escritas durante a guerra árabe-israelense de 1948: "Como são numerosos aqueles que já não estão conosco". Quem seremos nós e que tipo de seres humanos seremos depois de ver o que vimos? Onde começaremos depois da destruição e da perda de tantas coisas em que acreditávamos e confiávamos?

Se me permitem um palpite: depois da guerra, Israel será muito mais de direita, muito mais militante e muito mais racista. A guerra que lhe foi imposta terá consolidado os estereótipos e preconceitos mais radicais e abomináveis que definem — e continuarão a definir com mais vigor ainda — a identidade israelense. E essa identidade passará a incorporar também o trauma de outubro de 2023, assim como a polarização, a divisão interna.

É possível que o que se perdeu — ou foi suspenso por tempo indeterminado — em 7 de outubro tenha sido a minúscula chance de diálogo real, a chance de uma nação aceitar de verdade a existência da outra? E o que dizem agora aqueles que acenavam com a noção absurda de um "Estado binacional"?

Israel e Palestina, duas nações deformadas e corrompidas por uma guerra interminável, não conseguem sequer ser primas — alguém ainda acredita que consigam ser gêmeas siamesas? Precisaremos de muitos anos sem guerra para que só então se possa cogitar a aceitação e a conciliação. Enquanto isso, é possível imaginar a intensidade do medo e do ódio que virão à tona. Espero muito que, apesar do ódio que sentem por Israel — os ocupantes —, haja palestinos na Cisjordânia dispostos a se distanciar, seja pela ação, seja por palavras, do que seus compatriotas fizeram. Como israelense, não tenho o direito de lhes passar nenhum sermão ou dizer o que deveriam fazer. Mas como ser humano, tenho o direito — e a obrigação — de exigir deles uma conduta humana e moral.

No fim do mês passado, os líderes dos Estados Unidos, de Israel e da Arábia Saudita falaram com entusiasmo de um acordo de paz entre Israel e os sauditas, tendo como base os acordos de normalização de Israel com Marrocos e com os Emirados Árabes Unidos. Os palestinos mal aparecem nesses acordos. Netanyahu, arrogante e exalando autoconfiança, conseguiu — em suas palavras — romper a conexão entre o problema palestino e as relações de Israel com os países árabes. O acordo entre israelenses e sauditas não está desconectado dos acontecimentos do "Sábado Negro" entre Gaza e Israel. A paz que ele teria criado é uma paz dos ricos. Uma tentativa de ignorar o âmago do conflito. Os últimos dias mostraram que é impossível começar a resolver a tragédia do Oriente Médio sem oferecer uma solução que alivie o sofrimento dos palestinos.

Será que vamos conseguir abandonar as fórmulas desgastadas e entender que o que ocorreu aqui é grande e terrível demais para ser visto através de paradigmas obsoletos? Nem mesmo a conduta de Israel e seus crimes nos territórios ocupados ao longo de 56 anos justificam ou atenuam o que agora está evidente: a profundidade do ódio contra Israel, a dolorosa compreensão de que nós, israelenses, teremos sempre que viver aqui em estado de alerta máximo e de constante prontidão para a guerra. Num esforço incessante para ser ao mesmo tempo Atenas e Esparta. Por fim, resta uma dúvida fundamental: se poderemos algum dia levar uma vida normal e livre, sem tantas ameaças e preocupações. Uma vida estável, segura, como um verdadeiro lar.

PARTE I

Apesar de tudo

Discurso de protesto na praça Habima, Tel Aviv

22 de maio de 2021

Este discurso foi proferido um dia depois da entrada em vigor de um cessar-fogo durante uma grande explosão de violência entre israelenses e palestinos, em maio de 2021, desencadeada em parte por protestos contra o despejo de famílias palestinas em Jerusalém Oriental.

Boa noite. Quero dedicar meu discurso de hoje às crianças do Envelope de Gaza, às crianças da Faixa de Gaza, e a todas as crianças cujo corpo e cuja alma foram marcados por essa guerra. O anseio de ambos os lados para gravar uma vitória na mente do seu povo criou milhares de pequenas derrotas. Toda uma geração de crianças, em Gaza e em Ashkelon, está crescendo e provavelmente viverá para sempre com o trauma dos bombardeios, do fogo de artilharia e das sirenes. A mente das crianças ficou verdadeiramente marcada por esse conflito, e sinto a necessidade de pedir desculpas por não ser capaz de criar uma realidade melhor e mais tranquila para elas, o tipo de realidade a que toda criança do mundo tem direito.

A última guerra mostrou, mais uma vez, até que ponto os dois lados, Israel e Hamas, estão presos, enredados num ciclo letal e vicioso que eles mesmos criaram. Durante décadas, ambos têm funcionado como um mecanismo automático capaz apenas de repetir indefinidamente as mesmas ações, cada vez com mais força: outra chuva de foguetes, seguida por mais bombardeios, uma nova chuva de foguetes, uma incursão, Qassams, Domo de Ferro e sirenes. A mesma batida familiar, de novo, e de novo, cada vez mais rápida, alimentando a si mesma, turvando a capacidade de julgamento.

Então chega o momento em que a guerra nitidamente já deu o que tinha que dar, e todo mundo em Israel e em Gaza sabe disso, mas ninguém consegue parar, a guerra já não pode ser interrompida, como se a própria força tivesse se tornado um fim em si mesmo. Esse pistão gigantesco continua batendo, batendo, e enquanto as crianças em Beersheva e em Gaza tremem de medo, especialistas são chamados em estúdios de TV para encher de elogios seu próprio lado e de desprezo o lado inimigo, enquanto nós — reféns dos extremistas, sejam eles quem forem, estejam onde estiverem — ficamos de olhos arregalados vendo seres humanos se tornarem alvos na "lista de alvos", mães protegerem seus filhos com o próprio corpo, prédios de apartamentos desabarem e famílias inteiras desaparecerem num piscar de olhos.

Isso pode continuar para sempre — o sistema não tem um mecanismo para desligar sozinho —, a não ser que o presidente Biden dê o sinal, e nesse momento vamos todos despertar do feitiço hipnótico da destruição, olhar à nossa volta e perguntar: o que aconteceu aqui? O que aconteceu *de novo*? Por que essa sensação de que as partes mais radicais desse conflito nos manipularam de novo? E como explicar que mesmo depois do inferno vivido por milhões de pessoas, em Gaza e em Israel, praticamente não saímos do ponto de partida?

Pergunto, e não pela primeira vez, como

é que Israel, o meu país, um Estado com tamanha criatividade, inventividade e coragem, vem se desgastando nesse conflito há mais de um século sem conseguir usar seu enorme poderio militar para alterar a realidade? Para nos livrar da maldição da guerra cíclica e nos abrir um caminho diferente. Claro, é mais fácil fazer guerra do que fazer paz. Na verdade, a guerra só precisa *continuar*, ao passo que a paz exige processos psicológicos complexos e desafiadores, que intimidam nações habituadas quase exclusivamente a travar guerras.

Nós, israelenses, ainda nos recusamos a admitir que já não podemos usar a força para ditar uma realidade que só convém às nossas necessidades e aos nossos interesses. Será que essa última guerra finalmente nos fará entender que, a certa altura, nosso poderio militar pode vir a ser quase irrelevante? Que não importa o tamanho, ou o peso, da espada que carregamos, porque, em última análise, toda espada tem dois gumes?

Agora que a guerra terminou, a questão premente é o que acontecerá no âmbito interno — como ficam as relações entre judeus e árabes? Os acontecimentos recentes nas ruas de Israel são horríveis. Não há justificativa para linchar pessoas só porque são judias ou árabes: é o nível mais brutal de crueldade e ódio. As vítimas desses ataques foram assassinadas, tiveram sua humanidade negada. Os assassinos tornaram-se animais humanos. Mas agora — quando ventos mais frescos prevalecem e o estado de direito finalmente começa a levar os criminosos a julgamento — podemos falar sobre o que aconteceu e tentar compreender as raízes do que ficou exposto em ambas as sociedades. O futuro de judeus e árabes depende dessa compreensão.

Em breve, Israel pode ir às urnas pela quinta vez em quatro anos. Os acontecimentos de maio, e a magnitude do ódio que explodiu entre árabes e judeus, ocuparão lugar central na eleição. Não é difícil prever que os políticos vão apelar para o medo e a desconfiança, para o racismo e o desejo de vingança. Os instintos mais baixos que irromperam na vida israelense vão servir de combustível para essa campanha eleitoral, e o trabalho dos incitadores será ainda mais fácil. Todos nós, acho eu, sabemos quem vai se beneficiar disso. Também sabemos que tipo de realidade teremos aqui se os radicais nacionalistas e racistas derem as cartas. Portanto, a verdadeira batalha hoje não é entre árabes e judeus, mas entre as pessoas, dos dois lados, que desejam viver numa parceria pacífica e justa, e as pessoas — de ambos os lados — que se alimentam do ódio e da violência.

Espero que possamos restabelecer as forças saudáveis nas duas sociedades e apoiar quem se recusa a colaborar com o desespero. Se conseguirmos, vamos resistir às próximas ondas de violência — que temo que surjam periodicamente — e emergir com mais sobriedade e maturidade. É o que parece estar acontecendo agora, na forma de inúmeros encontros, debates e novas iniciativas. Com nossa presença aqui hoje, com nossa determinação, nosso *sumud* — nossa insistência na paz, na igualdade e numa aliança justa entre os dois povos — e com nossa atitude de "apesar de tudo", fonte de grande esperança nestes dias sombrios, existe uma chance de encontrarmos o caminho que quase perdemos: o caminho complexo e árduo para vivermos aqui juntos, em plena igualdade e paz, como árabes, como judeus, como seres humanos.

Caos em Israel

30 de dezembro de 2022

Tudo que houve em Israel desde a eleição* é, supostamente, um processo democrático legal. Mas, abaixo da superfície — como ocorreu mais de uma vez na história —, as sementes do caos foram espalhadas nos sistemas mais vitais do Estado de Israel. Não se trata, afinal de contas, apenas da promulgação de novas leis, por mais radicais e ultra-

* Nas eleições legislativas de 1º de novembro de 2022, uma coalizão de direita, encabeçada por Netanyahu, assumiu o controle do Knesset.

jantes que sejam, mas de uma mudança profunda e essencial, uma mudança em nossa identidade e no caráter do Estado. Essa mudança não foi uma questão eleitoral — não foi nisso que os israelenses votaram.

Durante as negociações para formar uma nova coalizão governamental, um versículo do livro de Isaías não parava de me perturbar: "Ai dos que ao mal chamam bem, e ao bem mal: que fazem da escuridão luz, e da luz escuridão; e fazem do amargo doce, e do doce amargo!". Ao fundo, como a tortura chinesa da água, eu não parava de ouvir Moshe Gafni, membro do Knesset, proclamando: "Metade do povo estudará a Torá, e metade servirá no Exército". Essas palavras sempre me dão arrepios, em parte por razões totalmente pessoais.

As negociações, que mais pareciam uma onda de saques, passavam diante dos nossos olhos em alta velocidade, em flashes de uma lógica desconhecida e belicosa: "a cláusula da anulação", "a lei da discriminação", "Smotrich* será o árbitro final sobre as construções na Cisjordânia", "Ben-Gvir** poderá estabelecer uma milícia privada nos Territórios Ocupados", "o criminoso reincidente Aryeh Deri*** poderá...". Os movimentos frenéticos ficam cada vez mais rápidos, com a destreza de alguém que trapaceia nas cartas. Sabemos que alguém está nos enganando. Alguém está afanando não só o dinheiro da nossa carteira, mas o nosso futuro, e o futuro dos nossos filhos, a vida que quería-

* Bezalel Smotrich, ministro das Finanças, defensor da expansão da Cisjordânia.

** Itamar Ben-Gvir, ministro da Segurança Nacional e líder do partido ultranacionalista Otzma Yehudit.

*** Ministro sênior do governo de Netanyahu que viria a ser removido dos seus cargos no gabinete em 2023 devido a várias condenações criminais.

mos criar aqui: um Estado onde, apesar das falhas, das deficiências e dos pontos cegos, fosse evidente a possibilidade de vir a ser um país civilizado e igualitário, com a capacidade de conter contradições e diferenças, um Estado que com o tempo conseguiria até mesmo se livrar da maldita ocupação. Um Estado que pudesse ser judeu, religioso e secular; uma democracia com uma avançada indústria de alta tecnologia e um viés tradicional; e um lar generoso para suas minorias. Um Estado israelense onde a multiplicidade de dialetos sociais e humanos não criasse necessariamente temores, ameaças recíprocas e racismo, mas que em vez disso levasse à fertilização cruzada e ao florescimento.

Agora que a poeira está baixando, com as dimensões da catástrofe expostas, Benjamin Netanyahu talvez esteja pensando que, depois que o caos semeado por ele atingir seus objetivos — destruir o sistema jurídico, a polícia, a educação e qualquer coisa que cheire minimamente a "esquerdismo" —, ele conseguirá voltar no tempo, apagar ou pelo menos moderar a visão de mundo intimidante e desonesta que gerou, e voltar a agir dentro da racionalidade, da adequação e da legalidade. Voltar a ser o adulto responsável num país civilizado. No entanto, é mais provável que ele descubra que, do ponto para onde nos levou, não há como voltar. Será impossível eliminar, ou mesmo suavizar, o caos semeado por ele. Seus anos de tumulto já imprimiram algo tangível e assustador na nossa realidade, na alma das pessoas que vivem nela e na própria vida.

O caos está aqui, com toda a sua avidez. O ódio interno está aqui. A aversão mútua, a violência cruel nas nossas ruas, nas nossas estradas, nas nossas escolas e nos nossos hospitais. As pessoas que chamam o mal de bem e o bem de mal também já estão aqui. E é improvável que a ocupação acabe num futuro próximo: ela já é mais poderosa do que todas as forças em jogo na arena política. O que começou e foi aperfeiçoado com a maior eficiência naquela esfera agora se infiltra nesta. A boca escancarada da anarquia já está mostrando seus dentes para a democracia mais frágil do Oriente Médio.

Ditadura ameaça Israel

25 de março de 2023

Israel atravessa uma das mais graves crises da sua história. Mesmo depois do assassinato do primeiro-ministro Yitzhak Rabin, eram menos tangíveis os perigos que o país enfrentava: em novembro de 1995, estava claro que um novo primeiro-ministro seria empossado numa transição legal e ordenada. A situação agora é diferente. Três dos membros mais radicais e nacionalistas do parlamento israelense — o ministro da Justiça Yariv Levin; o presidente da Comissão de Constituição, Lei e Justiça Simcha Rothman;

e Benjamin Netanyahu, o quase onipotente primeiro-ministro — estão agindo com todo o seu poder, e sem qualquer escrúpulo, para criar um novo sistema jurídico em substituição ao atual, que, segundo alegam, os discrimina e não representa a sua cosmovisão nem seus valores.

Legalmente, eles têm esse direito: na eleição mais recente de Israel, em novembro, os partidos que agora formam a coalizão governante conseguiram uma vantagem de quatro cadeiras no Knesset, que tem um total de 120 cadeiras. Mas eles estão adotando uma conduta apressada e beligerante, sem precedentes em Israel. Seu objetivo é não só aprovar uma série de mudanças no sistema existente, mas fazer uma alteração total no DNA do país.

Se os promotores dessa chamada reforma judicial conseguirem concluir seu processo legislativo, revogarão efetivamente o estado de direito em Israel. O judiciário ficaria subordinado ao Knesset e ao governo, e os novos juízes seriam nomeados por políticos. Em outras palavras, os cidadãos israelenses não teriam mais garantias legais para protegê-los da arbitrariedade do regime. Se o processo for concluído, Israel deixará de ser uma democracia e ficará sujeito a um regime que, em certas circunstâncias, poderia descambar para uma ditadura.

Netanyahu está enredado em processos judiciais, acusado de suborno, fraude e quebra de confiança. Ele já se mostrou disposto a fazer tudo que estiver ao seu alcance para mudar todo o sistema legal a fim de evitar ir preso. Com esse objetivo, aliou-se aos sujeitos mais messiânicos, agressivos e, em alguns casos, repugnantes da sociedade israelense, entregando ministérios-chave e altamente sensíveis a seus representantes. Esse homem respeita algum limite?

Netanyahu alega que sua vitória na última eleição — que ele conquistou por uma margem de 30 mil votos — lhe dá o direito de realizar o que chama de "a reforma". No entanto, o voto dos cidadãos israelenses não foi para autorizar essa medida tão drástica. Do ponto de vista prático, as mudanças em andamento no processo legislativo significam que o primeiro-ministro — nesse caso, Netanyahu — teria o poder de tomar quaisquer decisões que quisesse, sem levar em conta os desejos, os princípios ou o bem-estar de metade do país.

Todo israelense pertence a alguma minoria. Cada um de nós pode ser vítima de abuso sob esta lei ou aquela, sujeito a discriminação institucionalizada com base em nosso sexo, em nossa raça, em nossa religião, nacionalidade ou preferência sexual. E é em parte por isso que centenas de milhares de israelenses estão indo às ruas toda semana para protestar contra esse golpe apressado. Eles exigem a suspensão imediata da tramitação dessas leis antidemocráticas, seguida de negociações sérias e justas sobre os atributos futuros do sistema judicial de Israel. No momento em que escrevo, Netanyahu e seus apoiadores se recusam a desacelerar seu rolo compressor legislativo por um segundo sequer, e os manifestantes também continuam a todo vapor, bloqueando estradas, tomando praças e perturbando rotinas. O país inteiro está mergulhado nesse caos, em que predominam o medo e a preocupação.

Os próximos dias serão cruciais para o futuro de Israel. Bastaria uma única bala para lançar o drama num rumo totalmente diferente, em que os membros de ambos os lados tomariam a lei — ou melhor, a ilegalidade — nas próprias mãos, instaurando uma realidade muito mais aterrorizante do que esta em que estamos vivendo. Mas mesmo que esse cenário de pesadelo não se materialize, Israel ainda está aprendendo a duras penas uma trágica lição sobre si mesmo.

Por onde começar? Talvez pelo espanto diante da rapidez com que a maioria dos israelenses perdeu sua noção de poder e segurança existencial, uma noção que parecia quase arrogante de tão sólida, e agora se dissolveu num medo de que seu lar nacional — e talvez, a qualquer momento, seu lar familiar — seja destruído.

Os estúdios de TV e rádio estão repletos de especialistas que profetizam uma guerra civil. Apoiadores da direita atacam manifestantes com socos, gás lacrimogêneo e até com granadas de atordoamento. Houve inclusive tentativas de atropelar manifestantes. Conversas sobre "sangue nas ruas" e "a destruição do Terceiro Templo" estão no ar, com ecos angustiantes de lembranças históricas muito traumáticas.

Será que alguém de fora é capaz de compreender essa vertiginosa mudança de um sentimento de poder enorme para a fragilidade e a ansiedade que de repente tomaram conta de uma nação inteira? Sem compreender esse mecanismo da psique nacional, não sei se é possível decifrar "o israelense". E talvez o maior exemplo de "israelidade" hoje seja a destruição de uma ilusão que todos os líderes israelenses se esforçaram tanto para alimentar: a ilusão da nossa milagrosa unidade nacional, pela qual devemos lutar com todo o nosso ser. Agora que as rachaduras da nossa sociedade ficaram expostas, é evidente também que essa suposta unidade sempre foi frágil e falsa, e que os vários grupos que compõem a sociedade são hostis entre si.

Pois como pode haver unidade genuína entre grupos que enxergam uns aos outros como verdadeira ameaça à sua existência? Como pode haver unidade se não fizemos de fato o nosso trabalho nacional e cívico para lidar com a fúria, a hostilidade e a afronta que se tornaram tão arraigadas a ponto de se cogitar a noção de dividir o país na terra de "Israel" e na "Judeia" dos tempos bíblicos?

Como pode haver unidade, por exemplo, entre as centenas de milhares de colonos que se apoderaram de porções consideráveis das terras ocupadas na Cisjordânia — para eles, terras ancestrais prometidas pela própria Bíblia — e, do outro lado, aqueles israelenses que veem os colonos como o principal obstáculo a um acordo de paz entre Israel e os palestinos ou, em outras palavras, aqueles israelenses que acham que os colonos representam a maior ameaça ao futuro dos seus filhos?

E o que dizer dos mais de 1 milhão de judeus ultraortodoxos que se recusam a enviar os filhos para o serviço militar porque, de acordo com a sua fé, rezar e estudar a Torá é o que garante a continuidade do povo judeu? Como pode haver unidade, ou algum nível de cooperação, entre eles e os israelenses cujos filhos e filhas são obrigados por lei a servir no Exército por até três anos, alguns dos quais sacrificando a vida pelo país?

Durante muitos anos, desde que o Estado de Israel foi criado, a maioria dos israelenses concordou com esse arranjo distorcido, no qual a religião se entrelaça à política como uma hera, dela se alimenta e dita a todos os demais israelenses um estilo de vida que lhes é estranho. Será que estamos dando os primeiros passos, pelo menos na teoria, rumo à separação entre religião e Estado?

Há outros problemas, outras áreas infectadas — como a situação dos cidadãos árabes de Israel, por exemplo —, que continuaram sem solução mesmo depois de 75 anos de existência do Estado, mantendo-se num equilíbrio impossível e quase milagroso. Depois das ondas de hostilidade e ódio recíproco provocadas pelo atual governo, essas questões podem muito bem exigir respostas reais, forçando a criação de uma nova ordem, de um contrato revisado entre as diferentes tribos israelenses — e entre cada uma delas e o Estado.

E mal tocamos no assunto da ocupação. Os líderes do movimento de protestos sabiamente resolveram suspender — pelo menos por enquanto — o debate mais crucial, que divide a sociedade israelense há 55 anos, desde que Israel ocupou a Cisjordânia e a Faixa de Gaza. Mesmo alguém como eu, que tem lutado contra a ocupação por mais de quatro décadas, reconhece — embora com tristeza — que um debate aberto sobre a ocupação serviria apenas para desmantelar e dividir o movimento de protestos, afastando grandes setores da opinião pública. No momento, a maioria dos israelenses simplesmente não consegue enxergar com clareza a questão da ocupação. Ainda não. Mas me consola um pouco o fato de que questões políticas e sociais que durante anos ficaram estagnadas, como águas pantanosas, podem muito bem começar a movimentar-se. E talvez um dia seja possível retomar a questão da ocupação de uma forma nova, criativa e mais ousada, que comece a ter impacto na consciência coletiva.

As placas tectônicas estão se movimentando debaixo dos nossos pés. Imagino que as pessoas que vêm tentando sequestrar o país, que têm a audácia de reescrever o sistema jurídico israelense, não esperavam uma resistência tão generalizada e fervorosa. Pelo visto, até os manifestantes, que são contra a chamada reforma, estão surpresos com tamanho fervor, paixão e coragem. Centenas de empresas e organizações, agentes atuais e antigos do Shin Bet e do Mossad, executivos de empresas de tecnologia, pilotos da El Al e muitas entidades públicas e privadas estão se juntando às filas dos manifestantes todos os dias. Milhares de reservistas, que constituem a espinha dorsal do Exército, anunciaram que não se apresentarão para o serviço. Até moradores de asilos que usam cadeiras de rodas estão indo às ruas protestar contra o que veem como a destruição do Estado pelo qual lutaram.

Durante anos, muitos desses ativistas — principalmente os mais jovens — foram acusados de serem egoístas, cínicos, mimados ou de não ter raízes nem qualquer senso de pertencimento ao próprio país. E foram alvo da pior acusação possível em Israel: de não serem patriotas. Mas então veio essa grande reviravolta, que, para espanto de todos, levou centenas de milhares de israelenses a descobrir novos e antigos reservatórios de identidade, valores, pertencimento e até mesmo a confessar seu amor por Israel — um sentimento até então malvisto em alguns círculos.

Pessoas que ficaram décadas sem hastear a bandeira azul e branca de Israel, com a estrela de davi, agora a exibem em manifestações, um pouco sem jeito, mas ainda assim com orgulho de recuperar aquilo que tinha sido tomado pela direita. Muitos israelenses descobriram de repente que é possível amar o seu país sem que isso implique um amor sentimental, kitsch, ou uma idolatria fascista, mas com uma devoção lúcida que nasce do desejo de fazer deste país o nosso lar e com a aspiração genuína de viver em paz com nossos vizinhos. Esse sentimento recém-descoberto está ancorado numa consciência cívica ponderada e madura, e na compreensão — agora ainda mais profunda — do espírito da democracia, do liberalismo, da igualdade e da liberdade.

O que é um Estado judeu?

26 de abril de 2023

A resposta à complicada pergunta que dá título a este artigo parece clara: a entidade na qual os cidadãos israelenses — tanto judeus como árabes — vivem hoje é um Estado judeu. Ele abriga uma decisiva maioria judaica que, de modo geral, considera o Estado o lar nacional do povo judeu. Além disso, ele é amplamente organizado em torno do calendário judaico (o dia nacional de descanso é o sábado, o *shabat* judaico; os dias sagrados e de recordação para os judeus são feriados nacionais). A língua dominante é o hebraico, a língua da Bíblia, na qual se expressa a identidade do povo judeu.

Inúmeras camadas da existência judaico-israelense foram se acumulando ao longo dos 75 anos de independência do Estado, e na verdade começaram a se formar antes mesmo da sua criação. Elas incluem, claro, a complexa relação entre a maioria judaico-israelense e a minoria árabe-israelense. Cada momento da existência de Israel contém todo o DNA da manifestação intrincada, vibrante e turbulenta do Estado judeu conhecido como Estado de Israel.

Mas será que não estamos esquecendo nada?

A indiferença quase total da maioria dos israelenses em relação à ocupação do povo palestino e sua terra, que já dura mais de

55 anos, é um elemento substancial na formação da identidade de Israel. Para ficar claro: Israel não é o único responsável pela ausência de qualquer esforço real e corajoso para resolver o conflito nas últimas décadas. Tanto palestinos como israelenses cometeram erros graves, que levaram ao que agora parece ser um beco sem saída. Mas hoje, quando comemoramos o 75º aniversário de Israel, data que nos convida tanto à celebração como à reflexão, precisamos examinar se o termo "Estado judeu" pode, e deve, ignorar a ocupação. Além disso, precisamos indagar se a crueldade de ignorar a ocupação e apagá-la da consciência israelense pode, ela mesma, ser ignorada.

"A situação." Como muitos leitores sabem, é assim que nós, israelenses, chamamos nossa relação com os palestinos. É o nome que damos ao derramamento de sangue que já dura décadas, às guerras e às "operações" cuja fome jamais é saciada, à ocupação, à resistência à ocupação, à construção de assentamentos, à invasão — em todos os sentidos da palavra — e ao terrorismo.

A maioria das pessoas que nasceu nessa "situação" e passou a vida inteira nela já perdeu há muito tempo a esperança de que ela venha a ser resolvida. Fica paralisada diante da sua complexidade: a circularidade infinita, a inevitabilidade da violência e da contraviolência, os slogans vazios usados para recontar a história inúmeras vezes, a maneira como histórias humanas autênticas são transformadas em "narrativas" manipuladoras, a ofensa àqueles cuja essência da vida é reduzida a clichês.

Nós, que nascemos nessa "situação", aceitamos que nossos filhos, e os filhos dos nossos filhos, estejam condenados a viver pela espada — e, muitas vezes, a morrer pela espada. Já sabemos que força não é garantia de vitória. Que toda espada é uma espada de dois gumes. Sabemos disso, mas fazemos vista grossa. Fechamo-nos cada vez mais em nós mesmos e nos rendemos à apatia e ao fatalismo, ao conforto proporcionado pela religião e à autoexaltação oferecida pelo nacionalismo. Buscamos refúgios confortáveis e acessíveis, estrelas ascendentes que brilham diante dos nossos olhos vidrados, qualquer coisa que nos distraia das questões aterradoras e desestabilizantes impostas pelo conflito.

Quem nos observa nos acha cada vez mais passivos e emocionalmente "neutralizados" (outra palavra horrível que se usa na linguagem do conflito). Mas o abismo que nos separa da realidade gerada pelo conflito não fica vazio: é o tempo todo preenchido por um fluxo de forças radicais, nacionalistas e fundamentalistas. Essas forças fazem de tudo, e não param diante de nada, para impor seus projetos à maioria amedrontada e paralisada.

É perigoso falar das "características" de um Estado ou de uma nação, mas dá para falar de atos e procedimentos. Um exemplo claro é o chamado "empreendimento dos assentamentos", um processo gerador de realidade que transformou Israel. Esse processo — geográfico, político, militar e acima de tudo psicológico — tinha como objetivo, desde o início, sabotar as chances de estabelecer para o Estado fronteiras justas e aceitas por todos, e portanto frustrou, e continua frustrando, um acordo de paz estável capaz de determinar o destino de Israel. De um jeito muito parecido, a própria religião judaica — durante décadas, mas principalmente depois da Guerra dos Seis Dias — enredou-se na política israelense de tal forma que já não pode ser desenredada.

Mesmo depois de 75 anos de independência, Israel não tem fronteiras permanentes nem reconhecidas. Desde os primeiros dias, as fronteiras do Estado foram sempre encolhendo e espichando em consequência de guerras e operações, de retiradas, ocupações e de diversos acordos. Um Estado que não tem fronteiras formalmente aceitas vive numa tensão perpétua e perigosa: entre a tentação de invadir os vizinhos e o medo de ser invadido por eles. A tensão constante e a incerteza existencial fazem com que Israel tenha menos cara de lar e mais cara de fortaleza. Também determina a natureza do Estado judeu hoje.

O judaísmo com o qual me identifico é secular e humanista. Tem fé nos seres humanos. A única coisa que considera sagrada é a vida humana. Os que acreditam nesse judaísmo defendem o diálogo e jamais, de modo algum, a coerção.

Há uma frequência em minha mente na qual sinto o meu pertencimento ao povo judeu, mas também minha aversão ocasional a esse pertencimento. Sinto uma tremenda afinidade com o destino do povo judeu e com sua história gloriosa e terrível. Com a língua hebraica, em suas várias evoluções. Com a rica cultura que ela criou. Com seu senso de humor irônico e dolorido.

O judaísmo com o qual me identifico é

repelido pela euforia e pela arrogância que percebo em certos círculos do judaísmo atual, e por suas misturas acorrentadas que me apertam o pescoço: a mistura da religião com o messianismo, da fé com o fanatismo e do nacional com o nacionalista e o fascista.

"A situação", que continua em metástase, provoca uma pergunta: Israel tem o direito de se definir como uma democracia? Um regime de ocupação não pode ser democrático: simplesmente não pode. Afinal, a democracia surge da crença profunda de que todos os seres humanos nascem iguais e de que é errado negar a uma pessoa o direito de participar na determinação do seu próprio destino.

Os anos de ocupação e humilhação podem criar a falsa ideia de que existe uma hierarquia de valor humano. A nação ocupada acaba sendo vista como existencial e inerentemente inferior. Sua miséria e desgraça são percebidas pelo ocupante como um destino que talvez decorra da sua essência. (Como sabemos, é assim que os antissemitas sempre trataram os judeus.) Entende-se que os direitos humanos dessas pessoas que vivem sob ocupação podem ser negados e seus valores e desejos podem ser desprezados. Nem é preciso dizer que o país ocupante se vê como superior e, portanto, como senhor soberano. Nessa realidade, e à medida que cresce a influência da religião, há uma crença cada vez mais forte de que se trata da vontade de Deus. E, nessas condições, não é difícil perceber como sai enfraquecida a cosmovisão democrática.

E eu pergunto: como aqueles que acreditam que o homem foi criado à imagem de Deus podem pisotear essa imagem?

* * *

Atualmente, parece que a maioria dos israelenses não sente a menor angústia, que dirá culpa, ao pensar na ocupação e em suas repercussões, ao pensar nessa existência permeada de mentiras e repressão. Por meio de um sofisticado conjunto de intuições, a maioria dos israelenses aprendeu a "conviver com isso" (a vontade é dizer que eles aprenderam "a bloquear mentalmente" o assunto). Além disso, o fato de pensar na ocupação não levou os cidadãos israelenses, ou a maioria dos líderes desde 1967, a adotar medidas que pudessem finalmente começar a reparar essa situação distorcida. Já nos acostumamos. E o Estado de Israel constrói sua própria imagem e a história que conta a si mesmo de modo tão eficiente e hermético que acabou erguendo uma barreira impenetrável entre sua consciência e a realidade.

Quando se dispersaram em setenta diásporas, os judeus conseguiram incorporar à sua vida cotidiana — quase sempre marcada por privações e perseguições — um profundo anseio pela maravilhosa e onírica Eretz Yisrael (Terra de Israel). É assim que Benjamin III e seu amigo Sendrel — os personagens fictícios criados por Mendele Mocher Sforim em *As viagens de Benjamin III* —* atolam os pés na Diáspora enquanto sonham com Eretz Yisrael, à qual estão perfeitamente convencidos de que têm direito. Em pouco tempo vão chegar lá, encher a pança de tâmaras e figos e vão encontrar o rei Salomão usando o lendário *shamir* para cortar

* Obra satírica sobre o exílio judaico, publicada em 1878.

as pedras do Primeiro Templo. "Está tudo lá", diz Benjamin em tom melancólico, "lá estão todos os lugares."

Esse raro dom (o mesmo dom de *O violinista no telhado*) de acreditar piamente no poder da imaginação — e a capacidade de barganhar com a imaginação de modo que ela se torne realidade — se manifesta hoje de novo, mas dessa vez o violinista está num tanque, e o dom é usado para apagar da nossa mente a existência de outra nação, a humilhação e o sofrimento que lhe infligimos diariamente e as iniquidades da situação como um todo. Dessa vez, o dom nos ajuda a criar redes muito sofisticadas de desvio da realidade, que permitem que a situação aterrorizante persista, aparentemente sem pagarmos um preço.

Em outras palavras: a imaginação, esse órgão metafísico que desempenhou um papel tão decisivo na tremenda façanha do Retorno a Sião, agora permite que os israelenses que quiserem — e eles são, como se vê, uma legião — criem para si mesmos uma representação da realidade na qual uma nação inteira — milhões de pessoas cuja terra natal é aqui — está ausente.

Uma das muitas respostas possíveis à pergunta "O que é um Estado judeu?" é, portanto: "Um Estado judeu é aquele que tem a habilidade de viver uma vida plena e intensa, com uma dimensão de ilusão e repressão, ao mesmo tempo que vive numa negação total da realidade".

A imaginação atiça suas próprias chamas
[e transforma-se em alucinação.
A alucinação torna-se matéria.
Há aqueles que sabem ajustá-la aos seus
[próprios interesses.

A realidade se torna alucinatória.
Cada vez mais pessoas acabam reféns dela.
Outras são capturadas por ela a
[contragosto.

Nesse dia de celebração, eu gostaria de propor mais uma faceta na definição de Estado judeu, que, se fosse implementada, fortaleceria a identidade e os valores judaicos de Israel, além de melhorar as relações com sua vasta minoria palestina. Digo "se fosse implementada" porque, no momento, não está sendo, ou está apenas em raras circunstâncias. Mas é possível imaginar que um dia, quando o "grande" conflito entre Israel e o povo palestino for resolvido, cidadãos judeus e árabes do Estado possam achar essa faceta dentro de si mesmos para alcançar também a verdadeira reconciliação.

Está claro que o retorno da nação judaica à sua terra natal representou uma verdadeira revolução, milagrosa até, mas acontece que agora essa nação precisa aprender a ser maioria. Precisa se curar dos traumas de ser uma minoria perseguida, além de compreender os deveres de uma maioria para com as minorias que vivem dentro dela. Não é uma jornada fácil. Implica abrir mão tanto de ativos concretos como de ativos abstratos, como identidade e autopercepção. (Abandonar estereótipos e preconceitos é extremamente difícil.) Exige uma mudança profunda nos currículos escolares, por exemplo. Requer uma política de proteção às minorias, contra todos os males do racismo e dos crimes de ódio.

Com essas medidas, cria-se uma realidade em que todos — sejam eles da maioria ou de alguma minoria — podem prosperar, podem se sentir protegidos e representados nos sistemas de vida e governança e podem ter os mesmos direitos e obrigações, vivendo com dignidade e paridade, tanto em termos econômicos como culturais. A partir daí, as pessoas podem se sentir valorizadas e capazes de preservar a história de suas próprias comunidades, sem apagar as histórias das outras. Podem curar feridas enraizadas há muitas gerações.

Se essas medidas forem tomadas, conseguiremos inscrever e citar com orgulho este versículo à entrada da Suprema Corte: "A sentença será entre vós a mesma, quer se trate de um natural ou de estrangeiro" (Levítico 24,22). E os secularistas declarados entre nós, e também os ateus, vão ficar nos portões do Knesset e ler com profundo propósito, como numa oração secular, o versículo que está inscrito lá: "Deus criou o homem à sua imagem, à imagem de Deus ele o criou, homem e mulher ele os criou" (Gênesis 1,27).

Mas por que se contentar em consertar a relação do Estado com sua grande minoria nacional? Por que não ir além e estender a aspiração a todas as minorias, a todos os grupos em desvantagem, de todas as nações, raças e sexos? Os que buscam asilo também são uma minoria angustiada. Os idosos a um passo da fome também estão sofrendo. Assim como as pessoas com deficiência, as que estão abaixo da linha da pobreza e os sobreviventes do Holocausto. E vários outros grupos.

Alguns podem argumentar: o que você está propondo é um Estado de bem-estar social? O que há de "judeu" nessa visão?

O que há de judeu é que a maioria desses

desejos, desse conceito de sociedade, dessa cosmovisão, já foi formulada em hebraico, na Bíblia. Além disso, como já mencionei, isso tudo vai ocorrer agora num Estado onde os judeus são maioria. O termo não é usado aqui meramente como fato matemático: por milhares de anos, os judeus viveram como uma minoria de estrangeiros, sujeitos a ódio e desconfiança, em países que quase sempre os maltratavam, perseguiam, degradavam e até tentavam aniquilá-los. Mesmo em países "amigáveis", a minoria judaica vivia com uma permanente sensação de instabilidade e transitoriedade, e mal chegava a ser tolerada pela maioria. A terra tremia constantemente debaixo dos seus pés, e "linhas de corte" imaginárias eram sempre traçadas à sua volta.

Hoje, essa minoria é a maioria, condição que vem com uma grande responsabilidade e requer sensibilidade, empatia e uma superação da história, coisas que me pergunto se somos capazes de alcançar. E, no entanto, se Israel implementasse apenas algumas das aspirações aqui delineadas, poderíamos dizer de todo o coração: "Um Estado judeu é o lar nacional do povo judeu, e esse Estado enxerga a igualdade de todos os cidadãos como seu maior desafio, como a realização da visão dos seus profetas e fundadores".

A marcha para Jerusalém

25 de julho de 2023

Dezenas de milhares de israelenses marcharam para Jerusalém durante vários dias em julho de 2023, em protesto contra os planos de Netanyahu de reformar o judiciário e limitar os poderes da Suprema Corte.

Houve muitos momentos emocionantes durante os dias e as noites da marcha para Jerusalém. Um deles ocorreu na manhã de sábado, quando uma gigantesca onda humana, fazendo tremular milhares de bandeiras azuis e brancas, desceu lentamente a encosta perto de Shoresh e se encontrou com a multidão que aguardava na ponte Hemed. Os dois grupos se misturaram, e garrafas de água foram entregues aos caminhantes suados e cansados, além de fatias de melancia, picolés e uvas. Vimos generosidade, cooperação e compartilhamento sincero. E também o raro entendimento de que cada um de nós é formado pelas muitas pessoas que vieram a esse lugar e seguiram juntas pelas colinas de Qastel até Jerusalém, suando no calor extremo, mas de alma lavada.

A nação judaica já sofreu muitos rachas e divisões: saduceus e fariseus, hassidim e misnagdim, e muitos outros grupos opostos. Mas o que ocorreu em Israel nos últimos meses não pertence mais à mesma sequência de divisões internas. Ainda não temos palavras para descrever apropriadamente essa reviravolta, e por isso ela é tão assustadora. Pode vir a ser o começo de um processo que vai pôr abaixo — e talvez resolver — os pontos perigosos e calcificados da nossa sociedade, mas, por ora, está trazendo à tona os segredos e as mentiras de Israel, as afrontas históricas acumuladas, a falta de compaixão e as injustiças, ou seja, tudo o que se tornou uma discrepância intolerável e que gera repulsa mútua.

O movimento de resistência também revelou como eram sofisticados os mecanismos de autossabotagem, de ilusão e de lavagem cerebral nos quais nos envolvemos, de modo que, durante 75 anos, conseguimos impedir que essas hostilidades explodissem. Aprendemos a ocultá-las, principalmente de nós mesmos, e encontramos maneiras de encobri-las, treiná-las e domesticá-las — e também domesticar a nós mesmos. Hoje nos soa vazio o mantra da "unidade" que nos saciou durante tantas décadas. Agora parece vazio o termo "coesão", se um lado só faz apagar as preocupações, as ansiedades, os valores e os desejos do outro.

Estamos indefesos diante dessas mentiras irritantes que irromperam em nossa realidade exposta. É como se perdêssemos o chão. Um grande medo nos corrói.

Até hoje, nunca tínhamos constatado algo com tanta clareza que a nossa existência aqui — uma existência que, apesar de todos os defeitos, é também maravilhosa, desejada e excepcional — só é possível graças a algumas centenas de pilotos. É uma constatação assustadora. Este fato simples e concreto da nossa realidade é aterrador.

No entanto, em vez de apenas debater a legitimidade da decisão dos nossos pilotos de suspender seu serviço voluntário nas forças armadas, deveríamos olhar para outro lugar por um instante. Precisamos admitir que o nosso poderio militar — ou seja, a nossa existência — depende em grande parte dessas poucas centenas de pessoas, e que, portanto, faríamos bem se nos empenhássemos em conseguir tratados de paz com nossos vizinhos-inimigos o mais rápido possível. Do contrário, corremos o risco de mergulhar em outra guerra. A verdade que muitos de nós já conhecemos há anos agora aparece diante de todos: isso é vital para a segurança de Israel.

Como se a consciência entorpecida por muitos anos de repente tivesse sido sacudida, agora compreendemos a responsabilidade — não, a culpa — dos autoproclamados agentes da história judaica que provocaram o maior desastre do Estado: o empreendimento dos assentamentos.

Esta semana, será decidido o destino de

Israel como Estado democrático. As centenas de milhares de israelenses que saíram de casa sob circunstâncias intoleráveis o fizeram para protestar e soar o alarme, mas também por sentirem a necessidade de viver, ainda que brevemente, numa atmosfera adequada, funcional e altruísta. É uma necessidade que não deveria ser tratada de forma leviana. Durante décadas, ela nos foi roubada. O Estado se tornou um lugar de violência, vulgaridade e contaminação. O engodo perpetrado por Simcha Rothman, Yariv Levin, Itamar Ben-Gvir e Benjamin Netanyahu é, em última análise, apenas a assinatura do artista no cantinho do quadro. Há um desejo imenso de viver num clima moral diferente, nem que seja por um ou dois dias. Viver numa realidade lúcida. Com uma forte brisa de esperança. Foi muito revigorante ver aquela torrente de pessoas descendo lentamente a encosta nos arredores de Jerusalém, centenas de milhares de israelenses de todas as etnias e de todas as idades, apoiadores de diferentes partidos políticos, pessoas que fundaram o Estado — ou cujos antepassados fundaram —, e que não vão de forma alguma desistir do seu sonho. Pois elas sabem que se esse sonho for distorcido ou destruído, sua vida simplesmente perderá o sentido.

O equilibrista olha para baixo

29 de agosto de 2023

Desde o começo, Israel lembra muito uma start-up. A partir da primeira ordem do Gênesis — "Lech Lechá" ("Sai da tua terra") — houve um impulso de inovação, esforço, empreendedorismo, invenção e criação. Israel já passou por tempos difíceis e ameaças existenciais, mas sempre pulsou com um espírito vibrante, que irradia originalidade, e com a capacidade de realizar o inesperado, alcançando novos patamares em todas as esferas.

Então veio o golpe do governo, e Israel começou a perder o movimento livre e harmonioso de um corpo saudável. Tudo aquilo que para a maioria dos cidadãos era natural e óbvio — a identificação com o Estado e o forte sentimento de pertencimento — agora é incerto, impregnado de ansiedade e relutância. Embora esse processo seja anterior ao golpe, foi o golpe que o fez arrebentar com tamanha força, a ponto de alterar completamente a realidade de Israel.

O país está passando por um processo de desestabilização e desintegração, que vem esfacelando o contrato social e enfraquecendo as forças armadas e a economia. Não só o progresso foi interrompido como há um retrocesso acelerado em curso: vemos atitudes conservadoras de discriminação e racismo; exclusão de mulheres, de pessoas LGBTQ e de árabes; além de muita ignorância e obscurantismo. Como costuma acontecer num corpo doente, uma enfermidade atrás da outra vai exigindo tratamento imediato. Os israelenses estão ganhando consciência sobre o significado e as implicações — bem como os custos reais — da doença da ocupação crônica; das relações anormais entre a maioria secular, de um lado, e, do outro, a minoria haredi e o setor ultraortodoxo nacional, que exerce uma influência cada vez maior e mais extremista; e das relações tensas entre o Estado e sua vasta minoria palestina, que vive uma condição desastrosa. Isoladamente, cada uma dessas enfermidades já seria suficiente para comprometer, ou mesmo paralisar, a existência natural e saudável do corpo que elas afetam: o Estado de Israel.

É provável que os 64 membros da coalizão governista no Knesset e a maioria dos seus eleitores discordem de mim, mas nem mesmo eles, se não tiverem a mente hermeticamente fechada, podem negar que a sensação de força e de poder quase ilimitados de Israel já não está imune a dúvidas, rachaduras e temores. Pela primeira vez em muitos anos, os israelenses começaram a sentir o que significa fraqueza. Pela primeira vez provavelmente desde a Guerra do Yom Kippur, encontramos dentro de nós mesmos, infiltrando-se aos poucos, um temor existencial. É o medo daqueles que não têm controle total sobre o próprio destino. O medo dos fracos. E, pensando que "a nação eterna não teme", como diz o popular preceito rabínico, é perturbador admitir que o medo atual não é apenas uma reação natural a uma ameaça externa — porque nossos inimigos, nossos destruidores, vêm de dentro. Curiosamente, as pessoas que representam — a seus próprios olhos — a "israelidade" forte, confiante e autoritária são as mesmas que hoje evocam nos israelenses um sentimento "diaspórico" de medo, fraqueza e ameaça.

Como o equilibrista na corda bamba que de repente olha para os próprios pés, e depois para o abismo, estamos ficando muito mais conscientes da fragilidade da nossa existência aqui; do terror da impermanência; da sensação de que estamos perdendo o chão. De repente, nada mais é garantido. Nem a camaradagem, nem o espírito de sacrifício pelo bem maior, nem o "exército do povo", nem a responsabilidade mútua — nada. Diante dos nossos olhares horrorizados, o Estado ímpar que foi criado aqui está sendo esvaziado dos elementos fundamentais do seu caráter, da sua particularidade, da sua singularidade.

Será que existe um caminho de volta?

Quem se desespera diante da agressividade e da ganância da direita precisa ser constantemente lembrado de que o movimento de protesto é esperança, é saída da inércia, é criatividade, responsabilidade mútua e coragem ideológica. É a força vital de uma democracia. Para nós e para nossos filhos, é a última chance de vivermos com liberdade neste país. O movimento precisa continuar sendo alimentado e precisa sempre de novas adesões. É urgente assumirmos um compromisso de longo prazo para reabilitar Israel, para reconstruir o que se quebrou e curar suas dores, para pôr o país de pé outra vez — até termos certeza de que ele sobreviveu ou de que, tragicamente, sua doença é incurável.

PARTE II

Um escritor num país que ocupa outra nação

Discurso de aceitação do título de doutor honoris causa na Universidade Hebraica de Jerusalém

15 de julho de 2017

Presidente do conselho de curadores, sr. Michael Federmann; presidente da universidade, professor Menahem Ben-Sasson; reitor da universidade, professor Asher Cohen; e ilustres convidados.

Boa noite aos presentes, aos alunos de doutorado, que hoje se tornam doutores, e às famílias de vocês, que estão cheias de orgulho. Boa noite aos meus colegas que também recebem títulos honorários, e saudações especiais à sra. Ruth Dayan, agraciada com o prêmio Solomon Bublick.

Obrigado pela grande honra que concedem a mim e aos meus colegas. Esse símbolo de respeito e reconhecimento significa muito para mim, em parte porque me formei na Universidade Hebraica, e até hoje trago comigo toda a generosidade que recebi aqui, dos professores e da alma do lugar.

Caros amigos, os escritores costumam falar dos tormentos da escrita, do medo da "página em branco" e do suor frio no meio da noite ao acordar pensando em algum ponto fraco ou alguma vulnerabilidade da história que vêm escrevendo — às vezes há anos.

Conheço essa situação angustiante, mas conheço também os prazeres de compor, de criar um mundo inteiramente ficcional a partir de milhares de fatos e detalhes. Sinto uma satisfação muito específica quando um personagem que inventei começa a "tomar conta" de mim, a correr na frente e me puxar: de repente esse personagem inventado, fictício, sabe mais do que eu a respeito do próprio destino, do seu futuro e de outros personagens da história. E então, de um modo que não compreendo muito bem, ele me preenche com a matéria-prima da vida, com ideias, reviravoltas de enredo e percepções que eu nem sabia que tinha.

Para mim, o trabalho criativo é a possibilidade de tocar o infinito. Não o infinito matemático ou filosófico, mas o infinito humano. Quer dizer, as infinitas faces de uma pessoa. Os sentimentos mais profundos de alguém, seus infinitos conhecimentos e opiniões, seus desejos, suas ilusões, sua grandeza e sua estreiteza mental, sua inventividade e suas forças destrutivas, ou seja, todas as configurações. Quase toda ideia que me ocorre sobre algum personagem me abre inúmeras possibilidades: um jardim de caminhos que se bifurcam.

"Basta existir para se ser completo", escreveu o poeta Fernando Pessoa. Esse verso maravilhoso joga sal nas feridas de todo escritor, que sabe como é difícil traduzir uma persona imaginária num personagem que contenha pelo menos uma partícula dessa "completude" pessoana, da plenitude que existe num único segundo da vida de um ser humano.

É essa completude — feita de infinitas falhas, com defeitos e deficiências da mente e do corpo — que os escritores se esforçam para alcançar. Este é o desejo, a compulsão: alcançar esse ponto alquímico no qual, de súbito, através do uso de matéria inanimada — símbolos dispostos numa página, numa ordem específica —, criamos uma vida.

Escritores que já criaram personagens, neles se dissolveram e depois retornaram a si mesmos; escritores que depois de voltar a si se descobriram formados, em parte, por seus personagens; escritores que sabem que sem a criação desses personagens não se conheceriam de verdade — esses escritores conhecem os prazeres que podem ser encontrados no sentimento de completude que vive em cada um de nós.

É quase banal achar isso impressionante, mas me permitam ficar impressionado, hoje, com esse fato banal: todos nós, sem exceção, somos cheios de vida. Temos dentro de nós infinitas possibilidades e maneiras de estar dentro da vida, infinitas maneiras de viver a vida.

Mas talvez isso não seja banal. Talvez seja algo que precisamos lembrar a nós mesmos. Basta ver como evitamos com muito cuidado viver toda essa abundância, todas essas coisas convocadas por nossa alma, nosso corpo e nossas circunstâncias. Tão rápido, numa idade tão precoce, nos enrijecemos e nos reduzimos a um ser *único* e claramente delineado. Mas talvez seja o nosso desejo de evitar enfrentar essa abundância desnorteante e às vezes enganosa que nos faz perder parte de nós mesmos.

Às vezes, a vida não vivida, a vida que poderíamos ter vivido, mas não conseguimos ou não tivemos coragem de viver, murcha dentro de nós e desaparece. E, às vezes, sentimos isso, vemos acontecer diante dos nossos olhos, o que nos apunhala com força, provocando uma tristeza profunda pelas oportunidades perdidas. Convivemos com uma afronta e mesmo com um luto. Porque alguma coisa, ou alguém, morreu dentro de nós.

Pode ser uma paixão da qual desistimos

em troca de tranquilidade. Ou a escolha de uma profissão inadequada, na qual mofamos pelo resto da vida. Ou o fato de passar a vida inteira no gênero errado. Podem ser mil e uma escolhas que não são adequadas para nós, que fazemos por causa das pressões e das expectativas, dos nossos próprios temores, do nosso desejo de sermos amados e da nossa submissão ao zeitgeist.

Escrever é um movimento da alma contra essa submissão, contra essa fuga da riqueza que existe dentro de nós. É um movimento subversivo que o escritor faz, principalmente contra si mesmo. Como se fosse uma massagem que ele teimasse em aplicar à sua mente cautelosa, enrijecida e inibida.

Para mim, escrever é percorrer de forma livre, flexível e sem solavancos alguns eixos imaginários, transitando entre o menino pequeno que fui e o homem de idade que serei, entre o homem e a mulher que sou, entre o são e o insano. Entre o judeu no campo de concentração e o comandante desse campo — pois ambos existem dentro de mim. Entre o israelense que sou e o palestino que eu poderia ter sido.

Eu me lembro, por exemplo, das dificuldades que tive enquanto criava Orah, a protagonista de *A mulher foge*. Por dois anos estive em conflito com ela, e ainda assim não consegui conhecê-la completamente. Havia muitas palavras à sua volta, mas não me parecia viva. Ela não me despertava a sensação que me faz acreditar no personagem que estou criando: eu não conseguia ser ela.

Finalmente, só me restou fazer o que qualquer cidadão decente faria na minha situação: resolvi lhe escrever uma carta simples, à moda antiga, com caneta e papel. Perguntei: o que está acontecendo, Orah? Por que você é tão resistente? Onde foi que errei com você? Por que não se rende?

Mesmo antes de terminar a carta, já tinha entendido: não era Orah que tinha de submeter-se a mim, eu é que tinha de me submeter a ela. Em outras palavras, precisava parar de resistir à Orah que havia potencialmente dentro de mim. Precisava me dirigir para o molde dela que estava esperando lá no fundo do meu ser. Para a mulher em potencial dentro de mim — essa mulher específica dentro de mim. Eu precisava permitir que as partículas da minha alma — e do meu corpo — flutuassem livremente, desinibidas e incautas, sem interesses pessoais tacanhos, práticos e mesquinhos, rumo ao poderoso magnetismo de Orah e da feminilidade que ela projeta.

E, a partir desse momento, ela praticamente escreveu sozinha sobre si mesma.

Amigos, eu poderia falar por horas a fio sobre escrita, mas o sol já vai se pôr. As montanhas de Moabe, atrás de mim, lá no horizonte, vão se tingir de vermelho e aos poucos vão ficar mais pálidas, até que seu contorno desapareça e a escuridão finalmente baixe sobre nós.

Mas, antes que a escuridão chegue, eu gostaria de falar sobre a realidade da nossa vida aqui; sobre o que nós, israelenses, chamamos de "*matzav*" — a situação —, palavra que em hebraico se refere a certa estabilidade, até mesmo estagnação, mas que, na verdade, é um eufemismo para mais de um século de derramamento de sangue, guerra, terror, ocupação e medo intenso. E, principalmente, de fatalismo e desespero.

Talvez não haja lugar mais apropriado para falar sobre "*matzav*" do que aqui, no monte Scopus. Porque acho difícil contemplar essa bela paisagem de um jeito desconectado da realidade, sem pensar que estamos olhando para o que, em "conflitês", se chama "Ma'ale Adummim e zona E-1". Esse é exatamente o ponto onde muitos israelenses, incluindo membros do governo, planejam dar início à anexação da Cisjordânia. Outros, como eu, acham que esse ato acabaria com qualquer possibilidade de resolver o conflito e nos condenaria a todos a uma vida de guerra sem fim.

Aqui diante de vocês, a realidade parece ainda mais densa: para além da universidade, com toda a sabedoria, o conhecimento, a humanidade e o espírito livre que vêm acumulando há quase um século, há também os 3 mil beduínos que vivem nessa região há muitas gerações — homens, mulheres e crianças que têm sua cidadania e seus direitos negados, uma tribo que é submetida a abusos constantes, cujo objetivo é removê-la daqui. Os beduínos também são parte da "*matzav*". Eles, também, são a nossa situação: o nosso alerta vermelho.

Há quase exatamente cinquenta anos, depois do fim da Guerra dos Seis Dias, aqui no anfiteatro do monte Scopus, o tenente-general Yitzhak Rabin, chefe do estado-maior que comandou a vitória de Israel, recebeu o título de doutor honoris causa. Seu discurso repercutiu por todo o país.

O discurso de Rabin ajudou a construir a consciência e a memória coletiva dos israelenses. Eu tinha treze anos na época, e ainda me lembro de como fiquei arrepiado com aquela fala. Rabin nos fez acreditar que tínhamos vivido um milagre, e expressou a magnitude da salvação. Deu à guerra e aos seus resultados um status de fábula moral que quase ultrapassou os limites da realidade e da razão.

No discurso, referindo-se a um famoso slogan de recrutamento, Rabin afirmou o seguinte: "Quando dizíamos 'O que há de melhor para a Força Aérea', não estávamos falando apenas de aspectos técnicos ou de habilidades manuais. Queríamos dizer que para conseguir derrotar todas as forças do inimigo, de quatro frentes diferentes, em questão de horas, nossos pilotos precisavam se ater aos valores da virtude moral, da virtude humana". E acrescentou: "Os pelotões que romperam as linhas inimigas e atingiram seus alvos [...] foram impulsionados por valores morais e recursos espirituais — não por armas nem técnicas de combate".

O discurso de Rabin, escrito por Mordechai Bar-On, diretor de educação das Forças de Defesa de Israel, é esclarecedor. É um discurso exaltado, mas nada agressivo, embora fossem dias de euforia. Deus, por exemplo, não é mencionado sequer uma vez. Nem a fé religiosa. Até mesmo a experiência de finalmente tocar nas pedras do Muro das Lamentações é descrita num contexto histórico, sem apelo religioso: nas palavras de Rabin, "os soldados tocaram bem no coração da história judaica". Se esse discurso fosse feito hoje, imaginem o destaque que seria dado à fé, à santidade e a Deus.

Rabin disse ainda:

> A alegria da vitória tomou conta de toda a nação. No entanto, observamos [...] um fenômeno peculiar entre os soldados. Eles são incapazes de alegrar-se totalmente, e suas comemorações são marcadas por uma dose considerável de tristeza e espanto... Talvez o povo judeu não tenha sido educado para sen-

tir a alegria do ocupante e do vencedor. Talvez não esteja acostumado a isso.

Mas enquanto Rabin pronunciava essas palavras, a ocupação embrionária já tinha começado a se materializar, se desenvolver e se ramificar, contendo desde então as principais células que existem em qualquer ocupação: as células do nacionalismo e do racismo, e em nosso caso também um fanatismo messiânico. Começava a brotar entre nós, sem sombra de dúvida, "a alegria do ocupante", por mais que Rabin quisesse acreditar que não éramos capazes de sentir isso. Foi, aliás, o que acabou levando a seu assassinato por meio de um caminho longo e tortuoso, 28 anos depois.

Ao que parece não existe país imune a ser intoxicado pelo poder. Países mais fortes e mais obstinados do que o nosso já se viram seduzidos pelo poder, então como seria diferente no caso de uma pequena nação que, pela maior parte da sua história, foi fraca e perseguida, e carecia de armas e de um exército para se defender? Uma nação que, naqueles primeiros dias de junho de 1967, acreditava estar enfrentando uma ameaça real de aniquilação, e seis dias depois se tornou quase um império.

Passados cinquenta anos, Israel ficou irreconhecível. As conquistas do país em quase todos os campos foram enormes e não devem ser subestimadas, assim como sua história: o retorno do povo judeu à sua terra, depois de setenta diásporas, e os grandes feitos produzidos aqui estão entre as façanhas mais heroicas e incríveis da humanidade. Sem negar a tragédia infligida aos palestinos, nativos desta terra, a transição do povo judeu de povo de refugiados e deslocados, sobrevivente de uma imensa catástrofe, para um Estado próspero, vibrante e poderoso é quase impensável.

Para preservar tudo aquilo que prezamos e conquistamos aqui, precisamos nos lembrar sempre do que ameaça o nosso futuro tanto quanto os perigos externos: em primeiro lugar e acima de tudo, a perversão que compromete o cerne da existência de Israel — o fato de ser uma democracia que já não é uma democracia no sentido mais amplo da palavra. É uma democracia ilusória que pode vir a ser, muito em breve, uma ilusão de democracia.

É uma democracia porque tem liberdade de expressão, imprensa livre, seus cidadãos podem votar e ser eleitos para o Knesset, além de ser um estado de direito, onde há uma Suprema Corte. Mas um país que ocupa outra nação há cinquenta anos, negando sua liberdade, pode realmente se considerar uma democracia? Será que esses dois termos podem mesmo conviver: democracia e ocupação?

Cem anos de conflito. Cinquenta anos de ocupação. O que isso faz à alma de alguém, ao espírito de uma nação? Tanto ao ocupado como ao ocupante? Penso no processo criativo que descrevi há pouco, na riqueza que existe dentro de cada um. O entendimento de que debaixo de cada história há outra história humana. De que isso é arqueologia humana: camadas e mais camadas de histórias, cada uma delas verdadeira a seu modo.

Mas uma vida vivida em guerra constante, quando não existe nenhuma intenção genuína de pôr fim à guerra, uma vida de medo, desconfiança e violência, é por definição uma vida de restrições. Ela restringe a alma e a mente. É uma vida de percepções grosseiras e estereotipadas, de negação da humanidade de outro povo e, consequentemente, de negação da humanidade do *outro*.

É nesse clima que surgem o fanatismo, o fascismo e as tendências ditatoriais. É nesse clima que nos transformamos de seres humanos em horda, em povo ensimesmado. É nessas condições que começa a entrar em colapso uma sociedade civil, democrática e pluralista, que defende o estado de direito e insiste na igualdade e nos direitos humanos.

Será que podemos afirmar com segurança que a sociedade israelense está ciente da magnitude da ameaça? É uma sociedade capaz de lidar com essa ameaça? Temos certeza de que aqueles que nos lideram querem, genuinamente, enfrentá-la?

Comecei com a literatura e encerro com a vida real. Porque para mim as duas coisas andam juntas. Não sabemos, claro, quem estará aqui dentro de cinquenta anos. Não temos como saber em que tipo de realidade essa cerimônia ocorrerá, se é que ocorrerá; bom, espero que ocorra. Não há como prever que problemas e esperanças serão o foco no futuro. Até que ponto, por exemplo, a tecnologia terá transformado a alma, e até mesmo o corpo, das pessoas? Que camadas e dialetos terão sido acrescentados à língua hebraica que hão de falar, e que camadas e dialetos terão desaparecido? Será que em seu discurso pronunciarão, bem aqui, a palavra "paz" — *shalom*? Ela será pronunciada com alegria, ou com a dor da desilusão e das oportunidades perdidas? Com a facilidade das coisas óbvias? De uma rotina já transformada em modo de vida?

Não sei a cara que Israel terá no futuro. Só me resta esperar, do fundo do coração, que o homem ou a mulher que esteja aqui discursando seja capaz de dizer, com a cabeça erguida e sem titubear:

Sou uma pessoa livre. Somos um povo livre. No meu país, na minha casa e dentro da minha alma.

Muito obrigado.

Igualdade não é prêmio

4 de agosto de 2018

A nova "Lei da Nacionalidade"* de Israel traz um evidente potencial de desunião e destruição, de modo que a insistência do primeiro-ministro em não revisá-la sugere uma intenção oculta: manter constantemente aberta a ferida das relações entre Israel e sua minoria árabe. Uma ferida aberta, infec-

* A Lei Básica do "Estado-nação" de Israel, de julho de 2018, conhecida como a Lei da Nacionalidade, definiu Israel como o Estado-nação do povo judeu, reservando exclusivamente aos judeus o direito à autodeterminação.

cionada e ameaçadora. De onde pode vir essa motivação? Por que o governo e seu líder iam querer esse resultado? Só nos resta tentar adivinhar, mas talvez seja porque uma minoria com feridas abertas é mais maleável, mais vulnerável a manipulações, incitações, intimidações e divisões. A uma política de dividir para conquistar.

É assim que se mantém uma ferida aberta: criando uma única lei desnecessária, Netanyahu e seu gabinete puxaram o tapete de debaixo dos pés de um quinto da população de Israel. E de novo temos o dever de perguntar — por quê? Porque eles podem. Porque acreditam que nenhum poder é capaz de detê-los. Porque querem que os cidadãos árabes de Israel vivam num eterno estado de insegurança existencial. Que não tenham certeza sobre o futuro. Que sempre se lembrem, a todo momento, que dependem da boa — ou má — vontade do governo. Que lembrem que estão aqui sob algumas condições. Que agora estão presentes, mas podem, a qualquer momento, não estar.

A lei deixa outra coisa muito clara, também: o primeiro-ministro de Israel está decidido a não acabar com a ocupação e com o apartheid nos territórios ocupados. Muito pelo contrário: sua intenção é reforçá-los e ampliar essas condições ao Estado de Israel. Em outras palavras, a Lei da Nacionalidade representa basicamente a renúncia à possibilidade de um dia pôr fim ao conflito com os palestinos.

Algumas palavras sobre o trecho da lei que versa sobre o "rebaixamento" da língua árabe em Israel: a língua é um mundo, uma consciência, uma identidade e uma cultura. É uma tapeçaria infinita que toca em cada fibra da vida. Só mesmo uma pessoa — um político — extremamente presunçosa e arrogante para tentar prejudicar e rebaixar a língua de outra nação (mesmo que aceitássemos a alegação do legislativo de que se trata apenas de uma formalidade). O hebraico e o árabe são línguas irmãs. Sempre estiveram interligadas ao longo da história. Milhões de israelenses judeus beberam do árabe junto com o leite materno. Não há palavras suficientes no hebraico para protestar contra essa ofensa infligida à sua língua irmã.

Por centenas de milhares de anos, os judeus foram minoria nos países onde viveram, e essa experiência definiu a identidade do povo judeu e refinou sua sensibilidade moral. Agora que nós, judeus, somos maioria, temos uma enorme responsabilidade, que vem acompanhada de imensos desafios. Os desafios são políticos e sociais, mas acima de tudo humanos: precisamos entender que a forma como uma maioria trata suas minorias é um dos maiores testes para qualquer democracia. O governo israelense foi totalmente reprovado nesse teste, e seu fracasso repercute no mundo inteiro — o mesmo mundo que estamos sempre denunciando por discriminar as minorias judaicas.

Seria, portanto, uma tragédia de longa duração se os cidadãos drusos de Israel aceitassem meras "compensações", financeiras ou de qualquer outro tipo, pela injustiça que a Lei da Nacionalidade cometeu contra eles. A nova onda de protestos que vem surgindo entre os drusos contra essa lei — um protesto justo — pode ser o começo de um fenômeno bem mais amplo, em que os drusos estarão à frente da luta por igualdade para todas as minorias muçulmanas e cristãs em Israel.

No momento em que escrevo, líderes da

comunidade drusa preferiram aceitar o plano de compensação de Netanyahu, demonstrando que os anos de discriminação e promessas vazias aparentemente os levaram a esquecer o que é igualdade verdadeira. Na triste realidade israelense de hoje parece necessário destacar que a igualdade não é uma espécie de "prêmio" que o cidadão recebe do Estado por ter feito certas coisas para ele. Ou mesmo por ter sacrificado sua vida por ele. Os judeus ultraortodoxos que se recusam a servir no Exército também são cidadãos com direitos iguais. A igualdade é a condição básica da cidadania, não um produto dela. É o solo onde cresce a cidadania. É também o que possibilita a liberdade máxima: a liberdade de ser diferente, de ser outro, de ser distinto, mas continuar sendo igual.

No meu entender, as recentes leis aprovadas pelo governo são, em grande parte, resultado do pensamento distorcido produzido por cinco décadas de ocupação. São resultado de um sentimento de superioridade étnica, de um desejo de deleitar-se num "nós" nacionalista e fanático, que rejeita qualquer um que não faça parte desse "nós" — porque esse outro pertence a uma nação diferente, a uma religião diferente ou a um gênero diferente.

Mas é possível que essa lei na verdade esteja nos fazendo um grande favor: ela acaba de vez com qualquer ilusão ou negação da realidade, mostrando a todos nós, à direita e à esquerda, até que ponto chegamos, mostrando o quanto Israel afundou. Talvez a Lei da Nacionalidade finalmente sacuda todos aqueles entre nós que, independente da filiação política, temem por Israel e por seu espírito, por sua humanidade e por seus valores judaicos, democráticos e humanísticos.

Não tenho dúvida de que há muita gente decente e lúcida que sabe que essa lei representa uma traição do Estado a seus cidadãos. Netanyahu, como sempre, apresenta a questão como se fosse um confronto entre esquerda e direita. Mas na verdade essa é uma luta muito mais profunda e essencial — é a luta entre os que desistiram e os que ainda têm esperança. Entre os que se renderam à sedução nacionalista e racista, e os que continuam resistindo, que insistem em preservar no coração a imagem e a esperança de como as coisas podem ser numa democracia de verdade.

O coração pensante

Discurso de aceitação do prêmio Erasmus

29 de novembro de 2022

Vossas majestades, vossa alteza, vossas excelências, queridos amigos, amada família, senhoras e senhores:

Sessenta e um anos atrás, quando eu era um menino de oito anos, tive uma pequena revelação. Foi de manhã cedo, no ônibus número 18, em Jerusalém, a caminho da escola. O rádio transmitia uma entrevista com o pianista Arthur Rubinstein. O entrevistador perguntou: "Sr. Rubinstein, por ocasião do seu 75º aniversário, como o senhor resumiria sua vida numa frase?". Rubinstein respondeu sem hesitar: "A arte fez de mim um homem feliz. Graças à arte, conheci a felicidade".

Lembro que fiquei surpreso e até um pouco envergonhado: nos anos 1950, com a pesada sombra do passado ainda pairando sobre nós, a palavra "feliz" não era coisa que se dissesse em público. Acho que eu não conhecia ninguém, nem uma única pessoa, entre os amigos dos meus pais, que ousaria dizer, em voz alta, que era feliz. Os passageiros do ônibus naquele dia, pessoas cansadas, que moravam no mesmo bairro operário que eu, certamente não desfrutavam do direito dos americanos à "busca da felicidade", sobre a qual eu leria anos depois na Declaração de Independência dos Estados Unidos.

Essa palavra incrível, "felicidade" (em hebraico: *osher*), saiu rolando pelo ônibus como uma moeda de ouro, e eu — com olhos de criança — mirei a moeda imaginária e tive certeza: eu quero isso que o sr. Rubinstein mencionou. Quero essa felicidade especial. Quero ser artista.

Passaram-se mais de seis décadas desde aquele dia, e a arte — a escrita — me trouxe muita felicidade, uma felicidade bem parecida com a que sinto hoje aqui, com vocês. A felicidade de ser reconhecido e, melhor ainda, de ser compreendido. Mesmo quando a escrita me causava dor e sofrimento, era uma dor que tinha sentido, um sofrimento que surgia depois de eu me aproximar dos elementos autênticos e cruciais da vida. A literatura — a escrita — me ensinou o prazer de fazer uma coisa sutil e precisa num mundo vulgar e sombrio.

Sou um homem totalmente secular. Não consigo acreditar num Deus que supostamente me ajudaria a enfrentar o caos da existência. Foi a escrita — esse caminho secular — que me proporcionou uma sensação aterradora de vazio, de mergulhar na perda e na negação total da vida, mas que simultaneamente me trouxe uma forte sensação de vitalidade, completude e otimismo. Mesmo depois da tragédia que se abateu sobre a minha família quando perdemos o nosso filho Uri na guerra,* aprendi que o que me permite suportar essa dualidade de ausência e presença — para mim, a essência da vida humana — é estar imerso no ato de criação. De arte.

Senhoras e senhores, queridos amigos: o tema do prêmio Erasmus deste ano é "Consertar um mundo dilacerado". Essa ideia vem de um conceito judaico de mais de 2 mil anos.

* Referência à guerra entre Israel e o Hezbollah no norte de Israel, no Líbano e nas colinas de Golã no verão de 2006.

Não sei se Erasmo de Rotterdam o conhecia, mas não há dúvida de que o conceito guiou seu modo de vida e sua maneira de pensar. "Consertar o mundo" (em hebraico: *tikkun olam*) descreve um elemento fundamental da identidade judaica: a esperança e a obrigação de melhorar o mundo; um sentimento de responsabilidade moral para com todas as pessoas, judias ou não; e a preocupação com a justiça social e com o meio ambiente.

Eu gostaria muito de poder dizer que os resultados da recente eleição israelense expressam esse tipo de atitude humanística, igualitária e moral. Mas não expressam. No entanto, fico lembrando a mim mesmo, o tempo todo, que ainda há muita gente em Israel que não se entrega ao desespero. Que não se entrega à apatia ou à ilusão. Ainda estamos aqui. Nossos partidos podem ter perdido, mas nossos valores e crenças não foram derrotados, e são mais cruciais do que nunca.

A vida no Oriente Médio também me ensinou a me contentar com pouco no que diz respeito aos meus desejos pessoais. Talvez vocês conheçam a piada sobre o cidadão norte-americano que, durante a Guerra do Vietnã, ficava na frente da Casa Branca durante horas, toda sexta-feira, segurando um cartaz de protesto contra a guerra. Um dia um jornalista se aproximou dele e quis saber, com um sorriso zombeteiro: "Você acha mesmo que vai mudar o mundo se continuar parado aqui?". Ao que o homem respondeu surpreso: "Mudar o mundo? Não tenho a menor intenção de mudar o mundo. Só quero ter certeza de que o mundo não vai me mudar".

Por ter passado a vida inteira numa zona de desastre — preciso dizer que estou falando do Oriente Médio? —, sei como é fácil ceder "ao mundo": ao cinismo, à apatia e ao desespero. E daí é apenas um passo para o fanatismo religioso, o nacionalismo e o fascismo.

Quando procuro uma mente que seja verdadeiramente livre, uma pessoa que possa servir de inspiração para a minha luta contra o desespero, penso numa judia corajosa e sincera que morava aqui em Amsterdam durante a Segunda Guerra Mundial e o Holocausto: Etty Hillesum. Ela se apresentou voluntariamente para oferecer ajuda no campo de concentração de Westerbork e acabou morta em Auschwitz. Hillesum, como vocês sabem, conseguiu continuar sendo uma mulher livre, mesmo sob a mais severa opressão, e todo o seu ser representava um movimento da alma contra a força gravitacional do desespero. Eis o que ela escreveu em seu diário:

À noite, quando estava deitada ali em minha cama de campanha, em meio a mulheres e meninas roncando suavemente, sonhando em voz alta, chorando baixinho e se revirando, que durante o dia tantas vezes diziam: "Não queremos pensar", "Não queremos sentir, porque senão enlouqueceremos", eu às vezes sentia uma ternura infinita e ficava acordada e deixava que os acontecimentos, as inúmeras impressões de um dia longo demais, passassem por mim, e pensava: "Permite então que eu seja o coração pensante deste barracão". Quero ser isso novamente. Gostaria de ser o coração pensante de todo um campo de concentração.*

Todos nós, cada um de vocês aqui neste

* Etty Hillesum, *Uma vida interrompida*. Trad. de Mariângela Guimarães. Belo Horizonte: Âyiné, 2019.

auditório, vivemos em condições muito melhores do que as de quando Etty Hillesum escreveu essas frases. Mesmo assim, sabemos que a qualquer momento podemos descobrir que nossa liberdade foi tirada de nós e que estamos cercados pela arbitrariedade e pela tirania, pelos males do racismo, do nacionalismo e do fanatismo e pelo comportamento bárbaro e brutal, como é a conduta da Rússia em relação à Ucrânia — uma atitude beligerante que põe em risco a segurança mundial.

Se esse momento chegar, se o nosso mundo virar de cabeça para baixo — sob circunstâncias que hoje não conseguimos imaginar —, como virou para milhões de ucranianos não muito longe daqui, será que vamos nos lembrar, será que vamos persistir nessa rebelião particular e heroica — de não deixar de ser o coração sensível, o coração aberto, exposto? E de não parar de pensar?

Ser o coração pensante. Sempre, sempre, o coração pensante.

Muito obrigado.

Depois da guerra

1º de março de 2024

À medida que a manhã de sábado, 7 de outubro, vai se distanciando, seus horrores parecem se agravar. Contamos repetidamente a nós mesmos o que passou a compor a história formativa da nossa identidade e do nosso destino. Que, durante horas, milhares de terroristas do Hamas invadiram as casas de civis israelenses inocentes, assassinaram cerca de 1400 pessoas, estupraram, sequestraram, saquearam e queimaram. Naquelas horas de pesadelo, antes que seu Exército saísse do estado de choque, os israelenses tiveram um vislumbre bem concreto e duro do que poderia acontecer se seu país não apenas sofresse um golpe devastador, mas de fato deixasse de existir. Se não houvesse mais Israel.

Conversei com judeus que moram fora de Israel, e eles também disseram que naquelas horas se sentiram instáveis e vulneráveis em sua existência física e espiritual. Na verdade, mais do que isso: uma parte de sua energia vital tinha sido levada, e se perdera.

Muito lentamente, o Exército recuperou os sentidos e começou a revidar. Enquanto o Estado de Israel ainda estava lambendo as feridas, a sociedade civil já se mobilizava em massa para operações de resgate e organização, com centenas de milhares de cidadãos se apresentando como voluntários para fazer o que o governo deveria estar fazendo, se não estivesse num estado irresponsável de paralisia.

No momento em que escrevo (meados de fevereiro de 2024), de acordo com os dados do Ministério da Saúde de Gaza, comandado pelo Hamas, cerca de 30 mil pessoas foram mortas na Faixa de Gaza desde aquele dia. Entre elas, muitas crianças e muitos civis, alguns dos quais não eram do Hamas e não tiveram participação alguma no ciclo de guerra. "Não envolvidos", como Israel os chama em "conflitês" — a linguagem usada por países em guerra para enganar a si mesmos e não ter que enfrentar as repercussões dos seus atos.

O conceituado estudioso da cabala Gershom Scholem cunhou o seguinte ditado: "Todo o sangue corre para a ferida". Quatro meses e meio depois do massacre, é assim que Israel se sente. O medo, o choque, a raiva, a dor, a humilhação e o desejo de vingança, a energia mental de toda uma nação — nada disso parou de correr para a ferida, para o abismo no qual ainda estamos caindo.

Não há como parar de pensar nas meninas, nas mulheres e nos homens estuprados pelos agressores de Gaza, que filmaram os próprios crimes e os transmitiram ao vivo para as famílias das vítimas; nos bebês assassinados; nas famílias queimadas vivas.

E nos reféns. Nos israelenses que há 151 dias estão presos em túneis, alguns em gaiolas de ferro. São crianças e idosos, homens e mulheres, que estão adoecendo e morrendo por falta de oxigênio, de medicamentos e de esperança. Ou talvez estejam morrendo porque quando seres humanos comuns são expostos ao mal absoluto, demoníaco, quase sempre perdem a vontade inata de viver — a vontade de viver num mundo onde essa maldade e essa crueldade são possíveis. Num mundo onde vivem pessoas como aqueles terroristas do Hamas.

A brutalidade dos acontecimentos de 7 de outubro às vezes apaga a nossa lembrança do que veio antes. A verdade é que fissuras alarmantes já tinham aparecido na sociedade israelense nove meses antes do massacre. O governo, com Benjamin Netanyahu à frente, vinha impondo uma série de medidas legislativas visando enfraquecer a autoridade da Suprema Corte, desferindo com isso um golpe fatal no caráter democrático de Israel. Centenas de milhares de cidadãos saíam às ruas semanalmente, durante aqueles meses, para protestar contra o plano do governo. A direita israelense apoiava o governo. O país todo estava ficando cada vez mais radical e polarizado. O que antes tinha sido uma discussão ideológica legítima entre a direita e a esquerda acabou degenerando para um espetáculo de ódio profundo entre as várias "tribos". O debate público tornara-se violento e tóxico. E os israelenses sentiam certa instabilidade nos alicerces do seu lar nacional.

Para quem vive em países onde o conceito de "lar" é uma certeza, uma garantia, preciso explicar que para mim, através das minhas lentes israelenses, a palavra "lar" significa uma sensação de segurança, proteção e pertencimento que envolve a mente como uma onda de calor. Lar é onde eu posso existir com tranquilidade. E é um lugar cujas fronteiras são reconhecidas por todos — especialmente pelos vizinhos.

Mas para mim tudo isso está envolto no anseio por alguma coisa que jamais foi completamente alcançada. No momento, suspeito que Israel seja mais fortaleza do que lar. Não oferece segurança nem tranquilidade, e meus vizinhos põem em xeque a legitimidade de seus cômodos e suas paredes, e, em alguns casos, de sua própria existência. Naquele terrível "Sábado Negro", o que se viu foi que Israel, além de estar longe de ser um lar no sentido pleno da palavra, não sabe sequer ser uma verdadeira fortaleza.

No entanto, os israelenses se orgulham, com razão, da rapidez e eficiência com que se juntam para oferecer apoio uns aos outros quando o país é ameaçado, seja por uma pandemia como a da covid-19, seja por uma guerra. No mundo inteiro, soldados da reserva pegaram aviões para se reunir com os companheiros já convocados. Estavam indo "proteger o nosso lar", como diziam nas entrevistas. Havia um aspecto comovente nessa história tão singular: esses jovens, de onde quer que estivessem, correram para a frente de batalha, para proteger seus pais e avós. E estavam prontos para sacrificar a própria vida. Também era comovente o senso de união predominante nas tendas dos soldados, onde as opiniões políticas eram irrelevantes. Só importava a ajuda mútua e a camaradagem.

Mas os israelenses da minha geração, que já passaram por muitas guerras, começam a se perguntar, como sempre fazem depois de uma guerra: por que essa união só se manifesta em tempos de crise? Por que é que só as ameaças e os perigos nos tornam coesos e trazem à tona o que temos de melhor, além de nos libertar da nossa estranha atração pela autodestruição, pela destruição do nosso lar?

Essas perguntas levam a uma dolorosa percepção: o profundo desespero que a maioria dos israelenses sentiu depois do massacre pode ser resultado da "condição judaica" na qual fomos atirados mais uma vez. É a condição de uma nação perseguida e desprotegida. Uma nação que, apesar das imensas conquistas em tantas esferas, ainda é, lá no fundo do fundo, uma nação de refugiados, impregnada pela perspectiva de ser eliminada mesmo depois de quase 76 anos de soberania. Hoje está mais claro do que nunca que teremos sempre de vigiar esse lar vulnerável e frágil. Também ficou evidente o quanto o ódio contra esta nação está profundamente enraizado.

Segue-se outro pensamento sobre esses dois povos e suas dores: o trauma de terem se tornado refugiados é fundamental tanto para os israelenses como para os palestinos, e, no entanto, nenhum dos lados é capaz de ver a tragédia do outro com um pingo de compreensão — quanto mais de compaixão.

Outro fenômeno vergonhoso veio à tona como resultado da guerra: Israel é o único país do mundo cuja eliminação pode ser abertamente defendida.

Em manifestações com a presença de centenas de milhares de pessoas, nos campi das mais respeitadas universidades do mundo, nas redes sociais e em mesquitas do mundo inteiro, o direito de Israel existir é muitas vezes animosamente contestado. Críticas políticas razoáveis que levam em conta a complexidade da situação cedem a vez — quando se trata de Israel — a uma retórica agressiva de ódio que só poderia ser atenuada (se é que poderia) com a destruição do Estado de

Israel. Por exemplo, quando Saddam Hussein matou milhares de curdos com armas químicas, não houve nenhum apelo pela destruição do Iraque, nenhum apelo para que o país fosse varrido da face da terra. Só quando se trata de Israel é que as pessoas se sentem no direito de exigir publicamente a eliminação real de um Estado.

Manifestantes, articulistas das páginas de opinião dos jornais e líderes públicos precisam perguntar a si mesmos o que é que existe em Israel que provoca tamanho ódio. Por que só a existência de Israel — entre os 195 países do planeta — é condicionada a outra coisa, como se dependesse da boa vontade dos outros países do mundo?

É repugnante pensar que esse ódio brutal é dirigido apenas a uma nação que, não faz muito tempo, quase foi efetivamente erradicada. Também é revoltante pensar na conexão cínica e tortuosa entre a ansiedade existencial judaica e o desejo — comum entre muitas nações e religiões — de que Israel deixe de existir. Além disso, é intolerável que certos setores estejam tentando enquadrar o conflito israelo-palestino numa narrativa colonialista. Há também aqueles que esquecem deliberadamente que os judeus não têm outro país — elemento essencial para definir uma nação ou Estado como colonialista — e escondem o fato de que os judeus não são um ocupante estrangeiro na Terra de Israel; que sua fortíssima afinidade com esta terra tem quase 4 mil anos de história; que aqui foi onde eles emergiram como uma nação, religião e cultura com uma língua própria.

É fácil imaginar o prazer perverso que essas pessoas sentem ao pisar no ponto mais frágil da nação judaica, em sua percepção de ser um povo estrangeiro, em sua solidão existencial — aquele ponto para o qual não há refúgio possível. É esse ponto que muitas vezes a condena a cometer erros tão fatais e destrutivos — tanto para os inimigos como para si mesma.

Quem seremos nós — israelenses e moradores de Gaza — quando essa guerra longa e cruel chegar ao fim? A lembrança das atrocidades cometidas de parte a parte continuará entre nós por muitos anos, mas, para além disso, como já está claro para todos, assim que o Hamas tiver uma chance, buscará cumprir a meta explicitamente declarada no seu estatuto: o dever religioso de destruir Israel.

Como seria possível, portanto, assinar um acordo de paz com um inimigo desses?

Apesar disso, que escolha temos?

Os palestinos hão de fazer a sua própria avaliação. Eu, como israelense, pergunto que tipo de gente seremos nós quando a guerra terminar. A quem atribuiremos a culpa — se tivermos a coragem de senti-la — pelo que infligimos a palestinos inocentes? Pelos milhares de crianças que matamos. Pelas famílias que destruímos.

E como vamos aprender — para nunca mais sermos apanhados de surpresa — a viver uma vida plena no fio da navalha? Mas quem é que quer mesmo viver sua vida e criar seus filhos neste fio de navalha? E que preço haveremos de pagar por vivermos sempre vigilantes e desconfiados, eternamente com medo? Quem, entre nós, decidirá que não quer — ou não consegue — viver a vida de um soldado eterno, de um espartano?

Quem ficará aqui, em Israel? E será que os que ficarem serão os mais extremistas, os mais fanaticamente religiosos, nacionalistas e racistas? Estamos condenados a assistir à "israelidade" ousada, criativa e única sendo aos poucos absorvida pela trágica ferida do judaísmo?

Essas perguntas provavelmente atormentarão Israel por muitos anos. Há, no entanto, a possibilidade de que uma realidade totalmente diferente surja como contraponto. Talvez o reconhecimento de que não há como vencer essa guerra e, além disso, de que não podemos sustentar a ocupação indefinidamente, obrigue ambos os lados a aceitar a solução de dois Estados. Apesar de seus defeitos e riscos (o principal deles: que o Hamas assuma o controle da Palestina numa eleição democrática), ela ainda é a única solução viável.

Esse também é o momento para que os Estados com influência sobre as duas nações exerçam essa influência. Não é hora de políticas mesquinhas nem de diplomacia cínica. É um daqueles raros momentos em que uma onda de choque, como a que vivenciamos em 7 de outubro, tem o poder de reformular a realidade. Será que os países com interesses em jogo no conflito não conseguem ver que israelenses e palestinos já não são capazes de se salvar sozinhos?

Os próximos meses vão definir o destino dos dois povos. Vamos descobrir se o conflito que remonta a mais de um século está pronto para uma resolução sensata, moral e humana.

É trágico que isso ocorra — se é que vai ocorrer — não como resultado da esperança e do entusiasmo, mas como consequência de muita exaustão e desespero. Mas, repetindo, esse é o estado de espírito que costuma levar inimigos à reconciliação, e hoje é o melhor que podemos esperar. Vamos precisar nos contentar com isso. Parece que primeiro tivemos de descer ao inferno para só depois chegar ao ponto de onde dá para ver, num dia excepcionalmente claro, uma nesga de céu no horizonte.

De repente, um grito rasgou o ar

Tel Aviv, 24 de junho de 2024

De repente, um grito rasgou o ar
vindo do nada, como o estalo de um chicote,
agudo e cortante,
despertando-nos de um sono agitado —
furioso —
"Me digam uma coisa, vocês
[enlouqueceram?
Desistir de tudo isto?
Assim, sem mais nem menos, no desespero,
sem lutar de verdade?"

"Nos deixe em paz", dissemos.

“Queremos ficar recolhidos
para chorar os nossos mortos
até passar essa sensação
que nenhuma palavra consegue descrever.
Estamos emudecidos sob o peso da dor,
diante das atrocidades contra os nossos
[reféns.

“Portanto deixe-nos ser, apenas ser,
sem precisar compreender, sem pensar,
até que a nossa terra saqueada, nossa terra
[pisoteada,
nossa terra violentada
pare de doer.”

Por um momento as luzes vacilaram.
Por um momento os túneis gemeram.
O mundo ficou preto e branco.
O mundo virou carvão e gelo.
No meio da noite nos levantamos para fugir,

minha mulher, meu filho e eu.
Carreguei o choro num dos ombros,
e a esperança no outro,
entorpecido e subjugado.

"Por mais quanto tempo ainda vamos
[aguentar?",
minha mulher sussurrou,
para que o menino não ouvisse
e ficasse com medo.
"Nossa tecnologia avançada encheu o
[mundo de admiração,
éramos a nação start-up —
mas acontece que tínhamos um defeito,
éramos só a banda de abertura
para o sujeito lá na multidão de arma na mão
que disse que suas balas eram de festim.

"Olha", sussurrou minha mulher.
"É assim que acontece.

Quando acontece, é deste jeito."
Nós vimos —
Vimos longos comboios silenciosos
descerem das montanhas para os vales
e serem engolidos por navios que foram
[engolidos pelos mares.

"É como se num único dia de atrocidades
[esta terra se tornasse
exigente demais, difícil demais para
[suportarmos", disse
[minha mulher, espantada.

"Não, não", disse, zombando, um jovem
que passava numa scooter,
com uma arma no coldre, um atirador.
"Não, não, é que bastou um único dia de
[medo
para extinguir, para roubar de vocês —
talvez vocês nunca tenham tido —
o desejo de ter uma terra para chamar de sua."

"Não é que estamos fugindo",
eu disse para minha mulher.
"Estamos apenas rearranjando os nossos
[elementos.
Estamos apenas de mudança, *para dentro*
[*de nós* —"

De repente o menino falou:
"*Yallah*, renasçam das cinzas,
da sua escola de medo e desespero!".
Assim falou nosso filho,
fortalecendo-se diante dos nossos olhos.
Mostrou-nos fotos de um álbum que não
[reconhecemos
de uma infância sangrenta, uma infância
[de guerra, um berço arruinado,
imagens de uma infância confiscada.

"Porque se não renascermos das cinzas
[agora",

disse o menino, “nunca mais
[renasceremos.”
“Ou renasceremos tão diferentes”, disse
[minha mulher,
“tão estranhos e terríveis, tão duros e
[amargos —
inimigos —
que deixaríamos de ser aqueles
com quem eles não ousariam se meter.”

“Nosso tempo acabou”, rugiu o menino.
“E ainda que pareça clichê,
por ora está certo,
porque agora as regras estão sendo escritas.
Os que foram deixados para trás estão indo
[embora,
os que foram abandonados estão
[abandonando.
Fala comigo, Pai,
preciso de fôlego.

Estou quase derrotado, Pai, estou perto da
[morte.
Minha alma está cansada das convocações,
[cansada,
preciso de esperança, preciso de uma
[razão —"

"Você está calado, Pai,
por isso vou falar em seu nome:
Homens, mulheres, é hora de lutar,
de sair às ruas à noite.
Temos por quem lutar e pelo que lutar,
porque uma dádiva como esta, uma dádiva
[de vida,
nunca mais nos será dada.
Nenhum outro Estado brotará desta luta.
Tudo agora depende de vocês.
É hora de se levantar, de viver,
de ser uma nação ou deixar de ser —
de ser humano ou deixar de ser —

temos por quem e pelo quê —
e tudo está suspenso
sobre o nada.”

(Tradução feita a partir da versão em inglês de
Leon Wieseltier)

Nota

Os artigos que compõem este livro apareceram pela primeira vez nas publicações abaixo:

“Who Will We Be When We Rise from the Ashes?”, *Financial Times*, 10 out. 2023.

“Nevertheless”, *Libération*, 22 maio 2021.

“Israel in Chaos”, *Haaretz*, 30 dez. 2022.

“Dictatorship Threatens Israel”, *Atlantic*, 25 mar. 2023.

“What Is a Jewish State?”, em *A Jewish State: 75 Perspectives*, Massachusetts: Academic

Studies Press, 2024 (The Jewish People Policy Institute).
"The March on Jerusalem", *Guardian*, 25 jul. 2023.
"The Tightrope Walker Looks Down", *Haaretz*, 29 ago. 2023.
"Equality Is Not a Prize", *Haaretz*, 4 ago. 2018.
"After the War", *New York Times*, 1 mar. 2024.
"Suddenly a Cry Flew", *Liberties*, 24 jun. 2024.

ESTA OBRA FOI COMPOSTA POR ACOMTE EM MINION
E IMPRESSA EM OFSETE PELA GRÁFICA PAYM
SOBRE PAPEL PÓLEN NATURAL DA SUZANO S.A.
PARA A EDITORA SCHWARCZ EM SETEMBRO DE 2025

FSC
www.fsc.org
MISTO
Papel produzido a partir de fontes responsáveis
FSC® C133282

A marca FSC® é a garantia de que a madeira utilizada na fabricação do papel deste livro provém de florestas que foram gerenciadas de maneira ambientalmente correta, socialmente justa e economicamente viável, além de outras fontes de origem controlada.